U0873952

21世纪社会工作案例教材

小组工作案例教程

刘　梦　主编

中国人民大学出版社

小组工作实务标准（代前言）

——社会小组工作促进会（国际专业组织）

下列标准反映了小组工作的主要特点，以及社会工作者在从事小组工作实务时必须具备的独特的视角。小组工作实务的核心就是“互助”这个概念。小组工作者必须清楚地认识到，这种互助式的助人关系，是导致个人改变的主要来源，因此，小组工作者的主要作用就是帮助组员团结合作，共同实现自己制订的目标。

这些原则基本上都是宏观指导性的，它们适用于社会工作者的各种实务领域，同时，这些原则还鼓励社会工作者根据互助的原则，在实践中灵活运用各种小组工作模式。

第一部分中明确了小组工作实务必须具备的知识和价值观。第二部分至第五部分，主要规定了工作者在小组前期、小组的开始阶段、中间阶段和结束期的任务以及应该具备的知识。

Ⅰ．核心知识和价值观

A. 在家庭、社会、政治、文化背景中的个人认同、人际互动模式和问题。

组员都是公民；

组员都有能力改变，并且能够互相帮助。

B. 关注个人的方方面面。

运用系统的观点来评估个人，制订干预计划；

个人与环境的关系；

生理—心理—社会的视角；

小组中的组员；

社区中的小组。

C. 能力评估。

强调组员的能力，关注他们的问题。

D. 互助的功能。

小组中包含了多元的助人关系；

工作人员的主要作用就是帮助组员互相帮助。

E. 小组体现了民主过程。

帮助组员成为自己小组的主人；

组员和工作人员的地位和价值是平等的；

工作人员根本就不是有权威的“专家”；

工作人员与小组的关系、工作人员与组员的关系是平等互惠的。

F. 重视赋权。

小组目标强调个体组员的成长和社会变革；

小组工作者促进个人和小组的自治；

工作人员在评估和干预过程中，充分体现灵活性和折中的原则。

G. 小组行为。

小组作为一个实体，是独立于个体组员之外存在的；

在小组的生命周期中，小组的不同发展阶段孕育了变化；

要认识到小组的过程是如何影响了个人的行为。

H. 不同的小组有着不同的目的和目标。

小组类型（例如教育、解决问题、社会行动小组等）决定了工作人员的工作方式和小组实现自己目标的途径。

I. 通过观察和评估小组的过程和结果来监测和评估小组是否完成了目标。

Ⅱ. 开组前阶段的工作

任务：

A. 明确未来小组组员的共同需要。

B. 计划和开展外部服务，招募组员。

C. 保证得到机构的支持，使小组具有合法地位。

D. 关注机构可能对小组产生的抵抗性因素。

E. 筛选和准备组员。

F. 确保组员参与小组。

G. 在组员构成上达成一种平衡。

H. 选择合适的小组类型、结构和规模。

I. 确定聚会地点、时间等，保证组员的舒适感和归属感。

J. 准备口头或文字材料说明小组的目的，反映组员的需要和机构的使命。

K. 准备文字材料说明工作人员满足小组的目的的手段和方法。

L. 在小组开始阶段运用共情与组员形成共鸣。

所需知识：

A. 了解机构的使命和功能，以及这些使命和功能是如何影响小组工作服务的。

B. 社会和机构的障碍如何限制小组工作服务的提供。

C. 小组构成中出现的有关问题。

D. 人类生命周期及其与组员需要之间的关系。

E. 文化因素及其如何影响组员生活，影响他们参与小组的能力、与他人的关系。

F. 小组的类型及其与组员需要之间的关系。

G. 小组中要解决的个人和社会问题的类型与特点。

Ⅲ. 小组初期

任务：

A. 明确小组的目的和工作人员的角色与作用。

B. 引导组员对自己的需要、兴趣和问题进行反馈。

C. 鼓励组员与他人分享自己的问题和能力。

D. 协助组员与组员之间、组员与社工之间的联系。

E. 鼓励组员表达和发现大家的共同之处。

F. 监督小组过程中出现的权威、主题，并对此作出直接的回应。

G. 评估组员之间、组员和社工之间的文化差异，并直接将其提出来供大家讨论。

H. 协助小组制度规则和规范，从而更好地推动小组的变化和成长。

I. 运用自我概念来促进组员之间、组员与社工之间的凝聚力。

J. 协助组员建立个人和小组目标。

K. 明确个人目标与小组目标之间的联系。

L. 帮助组员建立一个初期合约，为以后的合作提供一个明确的指导方向。

M. 推动个人自治，促进组员赋权。

N. 创造一个安全的社会文化环境。

所需知识：

A. 小组初期的动力关系。

B. 组员和外部环境抵制的原因和表现。

Ⅳ. 小组中期

任务：

A. 指出组员之间的共同之处。

B. 强化个人问题与小组目标之间的联系。

C. 鼓励组员与社工之间的支持性、坦诚的反馈，并身体力行地作出表率。

D. 运用“此时此地”的过程深化小组进程。

E. 协助组员运用角色扮演、行为练习等其他语言和非语言活动，来实现个人和小组目标。

F. 监督小组工作的规范。

G. 评估小组进程，确定是否朝着既定目标前进。

H. 重新与组员建立协约，以帮助他们实现个人和小组目标。

I. 明确小组内外的限制，直接处理这些限制。

J. 明确并解释组员之间、组员与社工之间、组员与其他小组之间的沟通模式。

K. 发现组员间的冲突，并找到解决办法。

L. 总结各节活动内容。

所需知识：

A. 小组中期的动力关系。

B. 角色理论以及运用角色理论来解释组员间的关系、组员与社工之间的关系。

C. 沟通理论以及运用这个理论来解释组内组员之间、小组与其他机构之间的语言和非语言沟通。

D. 了解组员间的互动中反映的社会文化的种族、阶级、性别、性取向的因素。

E. 了解组员互动中反映出的各种心理动力因素。

F. 有目的地使用语言和非语言活动。

Ⅴ. 小组结束阶段

任务：

A. 认清并指出组员对小组结束而表现出的直接、间接的反应。

B. 与组员分享社工个人对小组结束的感受。

C. 协助组员互相分享离别的情绪。

D. 帮助组员认识到在小组中的收获和变化。

E. 协助组员将学到的新知识和技巧运用到现实生活中。

F. 鼓励组员表达对社工的反馈。

G. 帮助组员坦诚地反映并评价彼此间的合作活动。

H. 制定继续服务计划和转介计划。

I. 评估个人和小组进展。

J. 评估小组经验对个人和外部环境的影响。

所需知识：

A. 小组结束阶段的动力关系。

B. 如何获得正式的和非正式的资源，以保持和提高组员的个人成长。

C. 组员和社工生活中曾经历的分离和失落对大家生活所产生的影响。

目　录

小组工作案例实务篇

单亲母亲自强小组

一 小组背景

随着离婚率的上升和男女寿命差距，越来越多的家庭成为单亲家庭。由于社会文化因素的影响以及男女寿命的差距，大部分单亲家庭是以女性为家长的。在中国过去5年中，离婚案件的不断增加更导致了单亲家庭数量的提高。根据国家统计局的资料，1995年，我国离婚对数突破了100万对，1998年达到了119万对（国家统计局，1996，2000）。社会学家李银河（1991）发现，在离婚案件中，有90%的妇女得到了子女的抚养权，这些妇女将和子女一起建立起单亲母亲家庭。根据这个比例推断，中国的单亲母亲家庭数量将是非常惊人的。

国内外很多研究都涉及离婚的单亲母亲的问题。经济困难是单亲母亲遇到的最大的问题（孙文兰，1991；李银河，1991；徐安琪，1994）。侯志瑾（1995）指出，单亲母亲面对的首要困难就是经济问题，造成经济困难的原因有两个：一是很难选择到高收入的工作，二是获得来自父方的抚养费很少。此外，她们还遇到了子女教育、住房、家务、再婚和身心健康等诸多问题。王凤仙（2001）指出，离婚的单亲母亲面临着双重负担：经济的和心理的。造成她们过重经济负担的直接原因有两个：一是她们收入少，二是法律规定由父亲给母亲抚养孩子的费用太低或父亲不能按时给付抚养费。单亲母亲的心理负担也十分沉重，所有的离婚母亲都很焦虑，她们担心自己的孩子会因为离婚而受到伤害，同时，她们自己也身受社会对母亲角色的期望的压迫。在压力之下，她们一方面愧疚会带给孩子伤害，一方面又没办法好好照顾孩子，甚至造成儿童虐待。

可以看出，离婚的单亲母亲在经济上、生活上、心理上和人际交往上都遇到了一定程度的困难，需要得到社会的支持和帮助，这就为社会工作者提供了一个开展服务的用武之地。

因此，从2000年开始，我们就尝试在北京开办单亲母亲自强小组，希望通过我们的服务，能够帮助她们走出离婚的阴影，重新开始自己的新生活。

二 理论架构

在小组设计中，我们试图将赋权的概念和视角运用到小组中去，同时注意将西方的社会工作价值观与中国的文化传统结合起来，试图探索一个适合中国社会文化特点的工作方法。我们的研究主要贯穿了以下几个基本观念。

（一）赋权：一个助人自助的过程

通过组前访谈，我们发现，虽然她们面临了很多困难，但是在每位妇女的身上，都具备这样或那样的特点，如：坚韧不拔、富有牺牲精神、能吃苦、愿意关心别人、照顾别人、会精打细算、计划性强等。然而，在很多时候，她们都没有注意到自己的这些优点，而是特别强调自己的弱点和命运的不公，因此，我们认为，调动妇女自身的潜能，让她们发现自己的力量来解决自己面临的问题和困难，是非常重要的，这成为我们这个小组的中心任务。从个人层面来看，发现自己的潜能可以帮助她们增强自信心，减少自卑感。从人际互动的层面来看，组员间的相同经验容易培养一种集体归属感，组员们可以建立一种社会支持网络。从个人和社会的关系来看，通过对社会政策的分析和理解，组员可以将个人问题与社会上的权利、资源分配不均联系起来，可以团结起来，采取共同的行动以改变现状。

对专业人员来讲，与一群和自己生活经验不同的姐妹相处，从她们的经验中能够深入了解生活的真正意义，从她们身上可以学到很多书本上无法学到的知识，如：她们面对婚姻失败时的勇气、克服日常生活中困难的毅力、各种应付困难的策略等，小组的经验可以帮助她们进一步理解婚姻的机制和夫妻关系。

（二）结合中国文化的特点，提出了“宽恕”和“放得下”的概念

小组工作是一个从西方引进的工作方法，要将这种方法放在中国文化背景中，使其在中国扎根生存下来，就必须使其本土化。在小组设计中，我们试图将中国文化传统吸收进来，使其具有中国特色，容易为中国人所接受。出于这种考虑，我们在小组中加进了中国传统文化中的有关宽恕的内容，传统医学中有关身心健康关系的内容，“得失转换”和“平衡”的观念，“拿得起、放得下”的概念，希望通过这种方式，能够鼓励妇女们从婚姻失败的阴影中尽快走出来，学会放弃和宽恕，重新设计自己未来的新生活。

（三）爱自己与积极思维

我们试图将西方文化中关注个人感受的内容引进小组中。在组前的访谈中，我们发现，妇女们在婚姻中把自己的全部精力放在丈夫和孩子身上，她们很少关注自己的感受和需要。离婚后，她们感到忿忿不平，感到不甘心，将自己沉浸在对丈夫的愤恨中。因此，在小组中，我们加进了“爱自己”的内容，希望妇女们学会关注自己个人的感受和需要，加深对自己的认识和了解，从而进一步发现自己的潜能，改变自我否定和自责的看法。同时，我们十分重视倡导积极思维方式，与组员们一起学习在不如意的生活中，积极地看待周围的一切，培养乐观向上的生活态度。

三 小组设计的过程

（一）问题的发现

在开组前，我们分别在龙潭街道办事处和方舟家庭中心的配合下，对离婚的单亲母亲进行了访谈，访谈的主要焦点是她们在离婚前后遇到的各种问题，以及是怎样解决这些问题的。访谈分成两个部分：问卷和半结构式访谈。通过对访谈资料的分析，我们发现，她们面临的主要问题主要集中在以下 5 方面：

第一，情绪上的问题：悲伤，孤独，愤怒，不甘心，悲观，失望，觉

得没有前途和未来，憎恨男性无情无义等。

第二，经济困难：本人下岗，收入减少，孩子的抚养费不能按时拿到，没有住房或住房紧张等。

第三，亲子及姻亲关系：对孩子过分控制，教孩子憎恨父亲，不让前夫家人见孩子，对孩子有负疚感，教育孩子有困难等。

第四，社交圈子：不与过去的同学、朋友交往，整天待在家中，害怕与别人交往，担心自己受到歧视等。

第五，自我认知：自责，认为自己窝囊、无能，不能接受自己离婚的现实。

这些问题成为我们小组中需要解决的问题，并为我们制定小组目标奠定了基础。

（二）组员的筛选标准

通过对问题的分析和研究，我们决定按照下列原则进行组员的筛选：

第一，离婚，并独身。

第二，自己带着孩子。

第三，有问题和困难，并向外求助。

第四，愿意参加小组活动，并愿意与他人分享自己的生活。

（三）小组目标

第一，在小组中，女性能够对自身处境重新认识，实现自我提升，释放潜在的能力；通过小组活动，单亲母亲可以学会肯定自己对家庭和社会的付出，发现并欣赏自己的优点。

第二，鼓励单亲母亲说出自己的声音，并从与其他姐妹的分享中吸取经验，例如，如何改善与子女的关系、处理负面的情绪等。

第三，在小组中，单亲母亲建立了互助和维护自己权益的意识，并敢于向社会提出自己的要求和需要。

（四）小组的设计

2000 年 5 月至 10 月间，中华女子学院社会工作系、香港大学社会工作及社会行政学系，与北京市崇文区龙潭街道办事处和北京方舟家庭中心一起，开办了两期单亲母亲自强小组，这个小组对帮助单亲母亲获得自强自立、走出婚姻失败的阴影、重新开始新生活发挥了重要的作用。

据此，我们设计了5节小组活动，主题为“自强自立，单亲也精彩”。每次课程的内容分别为：（1）崎岖中的成长：人生的挑战；（2）爱的释放：释放与宽恕；（3）爱惜自己；（4）自我升华：推己及人；（5）与孩子一起成长。课程的设计注重从身、心、灵和社会层面去协助单亲母亲重拾自信，重建自尊、自立、自强和自爱，从而开始新的生活。课程内容中贯穿了“身体”的运动、呼吸练习、按摩活动，“心”情及情绪的表达和管理，“灵”性反省生命的重塑，“社会”关系和互助精神的培养和训练等。

（五）小组计划书

活动内容安排

人生的挑战：告别昨天

目标：

※ 通过认识理解自己人生路上的挫折经历，尝试以得与失的眼光来看待这段经历。

※ 从不幸中学会欣赏自己，发现自己的潜能，学会了解自己的情绪需要。

※ 在小组的环境中学习并分享他人的经验，丰富自己的生活，并且认识到情绪与身体和心理健康之间的关系。

课程内容：

※ 课程简介。

※ 欢迎词：有缘今日来相聚。

※ 握握手认识几个好朋友。

※ 填写问卷。

※ 订立合约。

※ 课程主题：

告别昨天：得与失。

※ 小组分享：

我的情绪；

人生路。

※ 情绪与健康：

平衡身、心、灵；

深呼吸运动。

※ 轻松练习 20 分钟：

冥想松弛练习；

坚定信念；

放声高歌。

※ 家庭作业：庆祝我的新生。

爱的释放

目标：

※ 学会放弃执著，令自己的身心全面放松。

※ 相信自己可以承受和宽恕，相信没有什么可以令自己放不开。

※ 通过小组式的交流分享，建立起宽恕的信念。以冥想和歌唱升华心底的爱，坚定可以自我改变并使自己快乐的信念。

课程内容：

※ 练习回顾分享——呼吸松弛运动：

我的情绪及我的心声。

※ 烦恼的根源。

※ 情绪与健康。

※ 我能放得下。

※ 小组分享练习：宽恕的彩虹。

※ 冥想松弛练习：

释放与宽恕；

自转松弛法。

※ 高声歌唱：从头开始。

※ 坚定信念。

爱惜自己

目标：

※ 协助组员学习不执著，自我接纳和自豪地生活。

※ 小组分享如何包容、豁达地生活，并学习对付寂寞的方法。

※ 鼓励单亲母亲从失意和执著中解脱出来，尝试用“放弃我执”的方法来接纳自己，以豁达、包容的态度来看待人生中的得失际遇。

课程内容：

※ 快乐之源：不执著。

※ 自豪地生活：自我接纳。

※ 小组分享：

因祸得福；

包容、豁达地成长；

对付寂寞的技巧。

※ 运动练习。

※ 冥想松弛练习：关爱自己。

※ 齐声高歌。

※ 坚定信念。

※ 家庭作业。

自我升华

目标：

※ 学习总结自己的经验而自我升华，学习去帮助其他“同病相怜的姐妹”。

※ 强调妇女要团结合作，共同争取离婚妇女的权益，自我升华及推己及人。

※ 讨论个人及集体升华的目标，及以后互勉互励的程序及计划。

课程内容：

※ 每周练习回顾：

我的改变；

送了什么礼物给自己？

※ 我的重生。

※ 团结合作——妇女自强运动。

※ 小组分享：

个人升华的目标；

共同升华的方向。

※ 运动练习：

呼吸升华；

健康12招。

※ 冥想松弛练习：新生活。

※ 开怀齐高歌：《红日》

※ 坚定信念。

※ 每周练习：送给自己第二份礼物。

孩子的成长

目标：

※ 探讨孩子的成长，理解孩子的心声及表达。

※ 母亲们会明白如何尊重孩子的选择和成长空间，如何协助孩子处理他们的情绪，如何更好地帮助孩子成长。

※ 理解亲子沟通是每位父母都要面临的问题。

课程内容：

※ 每周练习回顾：与子女相互支持、分享。

※ 孩子的心声。

※ 小组分享：

教导孩子的经验。

※课程总结：我的成长。

※ 运动练习：开心呼吸大法。

※ 冥想松弛练习：放眼世界。

※ 开怀齐歌唱。

※ 坚定信念。

※ 家庭作业：

送给孩子礼物；

下次小组结束活动准备。

迎接新生

目标：

※ 帮助组员之间建立一个良好的社会支持网络。

※ 计划未来的生活。

※ 总结小组的效果。

课程内容：

※ 每周练习回顾：

同姐妹分享自己的成长；

孩子收到礼物后自己的感受。

※ 我的成长：单亲也精彩。

※ 小组分享：未来的计划。

※ 齐声高歌：明天会更好。

※ 互赠礼物，表达祝福。

※ 小组总结：

填写问卷；

互相道别。

所需资源：

会议室一间，文具（白纸、水彩笔、油画棒、胶条、胸牌），问卷，图画，录音机，音乐磁带，茶水饮料，工作人员等。

经费预算（略）

四 小组活动效果及组员的反应

经过6次活动后，组员们普遍变化很大。从组员变化的情况来看，她们经历了一个四部曲："不理解—理解—投入参与—改变"的过程。在小组活动的第一节中，大部分组员对小组形式不了解，很多人都持怀疑态度，她们怀疑这种活动的有效性，甚至有人怀疑工作人员的动机。经过我们的反复解释，通过我们与她们一起真诚地分享，以及工作人员的自我袒露，组员开始对工作人员产生信任，并理解小组工作的形式。从第三节开始，组员开始全身心投入小组活动，有一位组员在前几次小组活动中一直很沉默，到了第三节，她主动要求发言，并与组员分享自己的家庭作业。从这时开始，组员的变化开始表现出来了，她们开始将自己的注意力从过去转向了未来，学会利用积极的情绪来对付负面的情绪，学会了宽恕别人，宽恕自己，放下包袱，计划未来。小组结束时，组员们起草了一份单亲母亲住房问题要求书，希望政府在给离婚的与子女一起生活的单亲（特别是女性）计算工龄时，将前夫（妻）的工龄包括进来，以减少他们的经济负担。这份要求书通过政府部门递交给了北京市人民代表大会，希望政府在立法和修改法律时，考虑单亲家庭的特殊需要。根据我们的跟踪调查发现，组员在离组之后，生活发生了很大的改变。有位组员很多年没有给自己买过一件新衣，没有进过照相馆，小组结束后，她为自己拍了一套艺术照，再现了自己的美丽。还有位组员，平时从来不跟外人交往，整天在家不出门，生活极其贫困，小组结束后，在街道办事处的帮助下，她参加了第五次人口普查工作，由于工作认真负责，得到了街道有关部门的表扬。

五 小组的测量与评估

为了提高小组工作的效率，及时改进工作方法，我们对小组进行了评估。我们设计了一份问卷，对组员在社会支持和自我接纳等方面的状况进行了前测和后测，小组活动结束 3 个月后，又进行了一次跟进测评。同时，还通过访谈和组员自我评估，了解组员的改变和小组的功效，此外，在征得组员同意的情况下，我们将小组过程进行了录像，作为评估工作人员的一个依据。

六 小组的困难与反思、建议

经过小组实践，我们发现，在小组工作实务中，有这样两个引人深思的问题：

第一，怎样指代小组工作。在两个小组中，我们发现，组员们喜欢用“开会”、“听课”和“活动”来指代小组和小组活动，而工作人员则用“小组工作”一词。在整个小组过程中，在指代小组的用词方面，组员和工作人员之间没有达成共识，而组员们在接受一些很西方化的概念上却表现得非常认同，如爱自己、积极思维等。这个现象引起我们反思，我们认为，可能的解释是，小组工作中的“小组”作为一个外来概念，对组员们来讲是陌生的，带有专业介入的意义，因此，她们喜欢使用自己熟悉的用语来表达和描述自己的活动。当然，我们知道，两个小组的结果没有统计意义，但是，从这个经验中，我们认为，要更多地向人们宣传小组工作，使这种工作方法为人们所接受。或者说，如何给小组工作一个更加中国化的、容易为人们所接受的名词，可能是我们需要考虑的一个问题。

第二，组员和社会工作者之间的关系。在组员和工作人员的交往中，我们发现，她们比较喜欢用“老师”来称呼工作人员，虽然我们反复强调只要称呼我们的名字就行了。这从某种程度上反映了她们对我们的定义。首先，我们的身份都是大学教师，尽管我们与她们之间没有这种严格意义上的师生关系，她们还是愿意这样称呼我们；其次，这可能是对我们的一种尊重。但是，这种称呼引起了我们的重视，因为在中国文化中，老师与学生之间的关系可能是权威与服从的关系，而这种权威与服从的关系，带来的一个后果就是案主对工作人员的指导性的期望（刘梦、张宇莲，1997）。这里又引发了一系列问题的探讨：在中国文化背景下，这种权威关系会给案主和工作人员之间的工作关系带来什么样的影响？指导性原则与非指导性原则哪个更符合案主的需要？非指导性原则是西方社会工作的基本工作原则之一，但是，如果案主对这种工作关系的期望就是获得某种指导的话，社会工作者是否应该提供这种指导？如果是的话，社会工作者有权利和能力这样做吗？如果不是的话，将如何体现案主为本的理念？我们提出这些问题，希望能够在同行中进行讨论，这些问题的讨论将成为中国社会工作本土化讨论的基础。

参考文献

中国统计年鉴．北京：中国统计出版社，1997，2000

侯志瑾．单亲母亲的扶助．第四次世界妇女大会非政府论坛“妇女群体与社会救助”论坛上的发言，1995

胡幼慧．质性研究：理论、方法及本土女性研究个案．台北：巨流图

书公司，1996

李银河. 中国人的性爱与婚姻. 河南：河南人民出版社，1991

刘梦. 中国社会工作与社会工作教育述评. 中华女子学院学报，2003，3：26～31

刘梦，张叶玲. 中国妇女的自我概念与中国社会工作本土化. 见：曾家达，王思斌，殷妙仲主编. 21世纪中国社会工作发展国际研讨会论文集. 北京：中国社会科学出版社，2001. 64～77

刘梦，张宇莲. 理解中国妇女问题：热线咨询在中国的实践. 华人社区跨文化心理咨询国际研讨会上的发言. 香港：香港城市大学，1997-05-18

孙文兰. 离婚在中国. 北京：中国妇女出版社，1991

王凤仙. 离婚妇女的双重负担. 见：林爱冰，陈丽云，王行娟，刘梦主编. 社会变革与妇女问题. 北京：中国社会科学出版社，2001. 115～131

徐安琪. 现阶段离婚特点种种. 东方，1994（5）

附录

生活能量量表

此问卷的目的是了解过去一星期内，您的身体及心理健康情况。圈出最适合您情况的答案。

（1＝十分差，10＝十分好）

生理										
1. 做运动	1	2	3	4	5	6	7	8	9	10
3. 睡眠	1	2	3	4	5	6	7	8	9	10
4. 食欲	1	2	3	4	5	6	7	8	9	10
6. 痛楚或麻痹	1	2	3	4	5	6	7	8	9	10
11. 精力充沛	1	2	3	4	5	6	7	8	9	10
18. 早上起床的感觉	1	2	3	4	5	6	7	8	9	10

续前表

21. 总的来说，我的健康是……	1	2	3	4	5	6	7	8	9	10
23. 总的来说，我的性生活是……	1	2	3	4	5	6	7	8	9	10
认知										
2. 精神集中	1	2	3	4	5	6	7	8	9	10
5. 记忆力	1	2	3	4	5	6	7	8	9	10
12. 处理困难	1	2	3	4	5	6	7	8	9	10
社交										
7. 工作	1	2	3	4	5	6	7	8	9	10
10. 和他人相处	1	2	3	4	5	6	7	8	9	10
14. 办事主动性	1	2	3	4	5	6	7	8	9	10
24. 总的来说，我与配偶的关系……	1	2	3	4	5	6	7	8	9	10
25. 总的来说，我与子女的关系……	1	2	3	4	5	6	7	8	9	10
26. 总的来说，我与家人的关系……	1	2	3	4	5	6	7	8	9	10
27. 总的来说，我的生活是……	1	2	3	4	5	6	7	8	9	10
情感										
8. 对生活满意	1	2	3	4	5	6	7	8	9	10
9. 关怀他人	1	2	3	4	5	6	7	8	9	10
13. 生活趣味	1	2	3	4	5	6	7	8	9	10
15. 情绪	1	2	3	4	5	6	7	8	9	10
16. 信心	1	2	3	4	5	6	7	8	9	10
17. 对未来的希望	1	2	3	4	5	6	7	8	9	10
22. 总的来说，我的情绪是……	1	2	3	4	5	6	7	8	9	10
形体										
19. 我身体的吸引力	1	2	3	4	5	6	7	8	9	10
20. 我觉得我的体态……	1	2	3	4	5	6	7	8	9	10

升华计算表

这些想法或感受或行为没有对与错，请您根据自己对每一句话的感觉，圈出最适合您情况的答案。

（1＝十分不同意，10＝十分同意）

灵性										
1. 我相信困境是生命中的一部分	1	2	3	4	5	6	7	8	9	10
6. 遇到困境，我很不甘心	1	2	3	4	5	6	7	8	9	10
9. 现在想起困境时，我的情绪也会波动	1	2	3	4	5	6	7	8	9	10
10. 我对困境感到无奈	1	2	3	4	5	6	7	8	9	10
16. 上天对我不公平	1	2	3	4	5	6	7	8	9	10
19. 我能够随遇而安	1	2	3	4	5	6	7	8	9	10
20. 我能以平常心去面对人生	1	2	3	4	5	6	7	8	9	10
23. 我感受到内心深处的平静与和谐	1	2	3	4	5	6	7	8	9	10
生命意义										
2. 困境令我失去生命方向	1	2	3	4	5	6	7	8	9	10
3. 我惧怕死亡	1	2	3	4	5	6	7	8	9	10
11. 困境对我来说是一个挑战与学习的机会	1	2	3	4	5	6	7	8	9	10
13. 遇到困境我感恩	1	2	3	4	5	6	7	8	9	10
14. 遇到困境令我失去尊严	1	2	3	4	5	6	7	8	9	10
人际关系										
15. 我感谢身边人对我所做的一切	1	2	3	4	5	6	7	8	9	10
21. 我介意别人知道我遇到困境	1	2	3	4	5	6	7	8	9	10
24. 我更懂得去关怀我身边的人	1	2	3	4	5	6	7	8	9	10
生活满意度										
7. 我享受每一天的生活	1	2	3	4	5	6	7	8	9	10
8. 我要未来生活得愉快	1	2	3	4	5	6	7	8	9	10
12. 我感到度日如年	1	2	3	4	5	6	7	8	9	10
22. 我不满意现在的生活	1	2	3	4	5	6	7	8	9	10
忍耐力										
4. 我有能力在困境中恢复过来	1	2	3	4	5	6	7	8	9	10
17. 我在这个困境中变得更坚强	1	2	3	4	5	6	7	8	9	10
5. 我不懂得爱自己	1	2	3	4	5	6	7	8	9	10
18. 遇到困境，我失去了生命的力量	1	2	3	4	5	6	7	8	9	10

十万个为什么——与异性相处之道学习小组

一 小组背景

北京慧灵（BJHL）是中国一家独具特色的非营利、非政府机构（NGO），正式注册于2000年4月。与传统的封闭式智障学校不同，北京慧灵是一家在真正意义上扎根社区的机构，它利用社区资源和设施，在附近社区和智障人士的家中，为他们提供实际的帮助。北京慧灵是由孟维娜女士和裴丽霓女士共同创办的。孟女士曾因于1986年创办中国第一个教育智障儿童私立学校“广州至灵特殊学校”而闻名遐迩。而裴丽霓女士则是英籍香港注册社会工作者，拥有丰富的残疾人社区服务经验。

北京慧灵的使命是：通过建立社区服务模式，将这种以人为本的服务在全中国推广，改善智障人士的生存状态，培养他们独立生活的能力。

北京慧灵的目标是：

※ 培养智障人士的独立生活能力，让他们像普通人一样享受社交、娱乐、培训和就业的快乐。

※ 引导大众正确地认识智障问题，为智障人士争取“平等机会、平等参与”的社会环境。

※ 为社会工作专业大学生提供专业化的指导，以推动社工行业在中国的发展。

※ 在非营利领域内通过良好的组织运作的示范效应，与中国其他机构共同分享成功经验。

北京慧灵的服务项目如下：

1. 日间活动

北京慧灵在国家图书馆分馆有一个活动站，以这里为基地，并向社区其他资源辐射，训练学员们掌握日常生活的技能，培养他们的自理和自立能力。因此，北京慧灵不仅在活动站内部活动，还参观探访图书馆、老人院、青年中心、社区文体中心、商业街和公园等设施，为智障人士提供小组活动和个人培训。

2. 三原色手工艺品制作坊

“三原色”为学员们提供学习手工艺品制作和在社区内就业的机会。结合北京特有的“胡同游”项目，北京慧灵希望能通过向观光游客出售艺术品来为智障人士取得持久的就业机会。

3. 家庭式住宿服务

北京慧灵现有三个“家庭”，分别位于北海、安定门和天坛。这些“家庭”与普通人家有相同的家庭布置，每个慧灵家庭有一位“家庭妈妈”照顾不超过 6 名“家庭成员”。其中，安定门家庭有些特殊的地方，这是与天津儿童福利院的合作项目，入住 4 名肢体残疾的孤儿。

4. 上门服务

北京慧灵的工作人员和义工会为那些因多重残疾或其他困难，难以经常离家的人士提供上门辅导服务。

2003 年 6 月至 9 月，笔者与香港大学社会工作与社会行政学系本科学生郭莎莎一起来到慧灵，进行了专业实习。

在北京慧灵的实习期间，我们发现，在学员当中存在一些与异性相处的困惑，同时，一线老师也反映学员在与异性交往时会出现不恰当的行为和语言，希望能够有一些活动帮助学员提高与异性沟通的能力。

此外，在与家长座谈过程中，家长也反映学员在表达沟通方面存在不足，希望机构在培养学员就业能力之余，也能够开展一些活动提高他们与人沟通的能力。

在进行需求评估的过程中，我们发现，学员在两性交往问题上存在着好奇和误区。但是，由于话题的敏感性，家长和老师通常采取模糊化或者是回避的态度，这令学员缺少正当的途径去了解有关知识和技巧。

在对学员、家长、员工和机构评估的基础上，在得到社工部和督导老师认可后，我们决定开展“与异性相处之道学习小组”，即“十万个为什么小组”。

二 理论架构

（一）小组设计的理论基础

我们采用“社会学习理论”（Social Learning Theory）作为小组设计的理论基础。

社会学习强调：人的行为、思想、情感反应方式和行为不仅受直接经验的影响，同时也受间接经验的影响；行为与环境具有交互作用；观察和模仿学习是学习的重要过程，在学习过程中，认知是非常重要的，人们可以借观察和模仿学习新行为（Bandura，1969）。

在将社会学习理论运用到小组工作实践中去的时候，我们受到这样的启发：

第一，在小组工作过程中，每个组员会在小组中真实地表现出各种适应性的和非适应性的行为。小组提供给每个组员一个丰富的行为总汇，组员可以结合自己的风格，从如此丰富的表现和互动中寻找榜样，进行观察、模仿和学习，增加个人的适应性行为。

第二，组员在小组活动中不仅可以观察到各种各样的行为，还可以看到这些行为的后果，所以，组员间经历、经验的分享的材料，可以为每个组员提供学习的榜样或者前车之鉴，充分发挥替代强化的作用。

我们相信，虽然组员在智力上存在一些障碍，但是，若工作人员对于希望组员学习的某些行为提供简明的指引，然后作出实际的示范，让组员模拟练习，并在日常生活中提供实习机会，重复尝试，并即时给予意见以便修正，这样，他们是完全有可能巩固学习得来的行为的。

“认知行为理论”相信人是理智的和自主的，每个人都有自己的思想、感情和信念。伊利斯（Elis，1973）指出，个人对外界事物（A＝Antecedent Event）的情绪及行为反应（C＝Consequence），不是直接的，而是受制于过程中的思想信念（B＝Belief），即 A→B→C。信念合理积极，则反应也合理积极。信念有偏差谬误，则反应也会有问题。通过找出谬误信念，重建合理思想，情绪及行为问题亦可获得解决。我们希望通过练习设计、游戏及小组讨论，让组员明白个人的思想往往会影响情绪的反应及行为表现，从而协助组员开放思想，以及减少因一些非理性观念带来的情绪不安和困扰。

（二）小组的理念

小组的基本理念建立在人权和平等的基础之上，我们相信：

（1）每个人都有享受生活的权利，而与异性交往是生活的重要组成部分。智障人士是人，他们也应该获得与非智障人士相同的享受生活的权利，因此，他们应该获得与异性交往能力培训方面的机会和知识。

（2）智障人士的生理需求和交友需求应该得到正视和处理。

（3）通过适当的引导，智障人士完全有能力处理好自己的问题。

（4）在处理他们的需求时，需要得到家长、老师甚至周围人的配合与支持。

三 小组设计过程

1. 小组名称

与异性相处十万个为什么小组。

2. 小组目的

(1) 帮助学员提高自我表达的能力。

(2) 帮助学员提高与异性沟通的能力。

(3) 帮助学员初步建立正面的恋爱观及婚姻观。

3. 组员的选择标准

(1) 慧灵的学员。

(2) 具备一定的阅读能力。

(3) 口头表达清楚。

(4) 有交友方面的困惑，希望了解更多的相关知识。

(5) 家长不反对学员参与小组活动。

(6) 学员自愿参与。

(7) 6 人～8 人，男女各半。

4. 评估方法

(1) 通过教师和学员的笔头与口头回馈。

(2) 使用小组目标达成表进行记录和评估。

(3) 家庭作业完成的情况。

(4) 组员出席状况。

(5) 工作人员的反思。

(6) 前测和后测资料。

5. 小组计划书

走近成年

（时间为 90 分钟）

目标：

※ 让组员认识本小组活动的目的及目标。

※ 让组员互相认识。

※ 让组员认识自己进入成年的意义和标志。

※ 认识夫妻和父母的角色。

※ 帮助学员初步建立恋爱婚姻的责任感和义务感。

工作人员提示：

在本活动中，讨论的主题是成年人的角色和责任，在带领小组的过程中，需要特别注意：

第一，要用成年人的眼光来看待、处理与组员的关系，特别是一些依赖性很强的组员，需要将他们当成普通的成年人，因此，在语言、语气和身体语言方面，需要给组员树立一个榜样。同时，这种成年人式的交往方式，可以逐渐运用到组外。

第二，要把握好启发的技巧和引导的技巧。在话题讨论开始时，需要多一点引导，以开阔他们的思路；在进行讨论的时候，要多一点启发，激发他们参与的热情和主动性。

第三，要注意在小组活动过程中组员的注意力集中的问题，要在活动过程中灵活把握时间，不要让大家感到疲乏。

时间	目标	内容
1分钟	向组员介绍工作人员。	由工作人员做自我介绍。
1分钟	观察组员谦让的态度，建立小组中自由的气氛。	工作人员请组员自己选择喜欢的彩色笔，注意组员的表现：有些组员懂得谦让别人，也有些组员只顾自己。男生普遍懂得口头表示，愿意让女生先选择。
20分钟	让组员互相认识； 通过设计组内名字建立组员的归属感； 提高组员的自我意识，增加对自己的了解； 让其他组员补充性格优点和缺点，增进组员互相了解，并了解自己给别人的印象，增加信心； 让组员了解自己的优点，提高他们的自信心。	工作人员请组员轮流介绍，为自己在组里起一个名字，供其他人在组内称呼他，并说出自己在人际交往中有什么性格优点和缺点，其他组员可补充。 注意事项：学员可以说出自己的缺点，但是对于自己的优点却不太敢于表达，在这个时候，工作人员可以先邀请其他组员来帮助找出该组员的优点，如果其他组员仍不能指出，可用引导的口吻启发组员思考并得出结论。
3分钟	让组员认识此项活动的目的及目标。	工作人员介绍小组活动的目的： 帮助学员提高自我表达的能力； 帮助学员提高与异性沟通的能力； 帮助学员初步建立正确的恋爱观及婚姻观。 介绍活动内容： 如何适当表达自己； 如何接受或拒绝异性的要求； 男女相处之道； 解决人际冲突的方法； 放松自己，舒缓自己情绪的方法。 介绍小组活动的时间安排：星期一和星期四，下午2：00至3：30。
8分钟	制定个人在小组中的成长目标。	工作人员请组员谈谈个人在小组中的成长目标，并在过程中给予指引：组员发言次序为上一轮发言次序的倒转。
5分钟	让组员了解小组规则； 与组员签约。	工作人员建议小组内应遵守的规则，询问组员是否明白规则内容，有无增加或删减，当所有组员都同意后，共同签署小组协定。 规则包括： 我会准时参加每一次小组活动； 对于小组中谈到的内容，我会绝对保密； 我会全力完成家庭作业；

续前表

时间	目标	内容
		我会积极参加小组各项活动； 我会与其他组员互相帮助，互相支持； 我会举手发言，不超过规定的时间，不轻易批评指责其他组员。
15 分钟	了解组员对与异性交往的看法、问题（前测）。	工作人员向组员派发问卷，并要求组员独立完成问卷。组员有不明白的地方可以向工作人员举手询问。
10 分钟	方便组员去洗手间的需要，避免在不适当的时候对小组造成干扰； 提供自然机会让组员沟通； 提供自由走动的空间，便于组员在下半节时集中精力； 工作人员趁机观察和检讨小组安排是否适当，以便在下半节作出调整。	休息。
25 分钟	了解组员对自己成年身份的认识。	工作人员询问组员是否觉得自己长大了，并请组员根据自己的答案分享“我为什么长大了”，以及“我为什么没有长大”。组员分享的内容可包括： 年纪的长大； 生理发育的成熟：长高，长大，长青春痘，长胡子，变声，生殖器官发育成熟； 能力的增加：自我保护的能力，工作的能力； 社会责任的增加：照顾父母，乘车让座，可以成家立业，有孩子； 需要扮演不同的角色：做父母； 别人对自己的态度：没人让座了，自由多了； 在行为上与儿童的区别：不乱发脾气，胆子大了（知道的多了），可以干活了； 有理想：工作人员主动分享自己的理想，并请组员分享“你的理想是什么”； 总结自己的现状和理想之间的差距； 讨论后，工作人员总结。 注意事项：在分享过程中，组员可能比较注意生理上和行为上与小时候的不同，工作人员需要加以引导，通过对比不同时期的行为表现总结出上述成长的意义。

续前表

时间	目标	内容
20 分钟	让组员认识父母的角色； 帮助学员初步建立责任感和义务感。	认识父母的角色。 工作人员询问：根据你的观察，爸爸和妈妈有些什么不同？ 性别不同：器官不同，上厕所姿势不同，妈妈生孩子，乳房发育不同，生殖器官不同； 社会角色不同：衣着不同； 社会分工不同：妈妈干轻活，爸爸干重活；妈妈做家务较多。 讨论后，工作人员总结并说明社会分工不同与每个人的生理结构和性格特点有关。 注意事项：工作人员需要用问题去引导组员思考，拓展他们思考的空间和方向，但要避免引导学员造成性别上的歧视。
5 分钟	总结本次活动； 为本次活动评分。	工作人员与各组员重温本节活动的内容： 认识本次活动的目标； 认识其他组员； 认识自己的成年人身份； 认识父母的角色。 工作人员请组员为本次活动作评价：优、中、差三类。 注意事项：评分时由差等开始，因为学员很可能不经思考而举手。所以，由低等开始评分有助于得到较为真实的反映。
5 分钟		工作人员派发《父母的一天活动记录表》，布置家庭作业：观察父母的一天活动，并填写记录表。安排部分组员记录爸爸，部分组员记录妈妈。 注意事项：在派发《父母的一天活动记录表》时，工作人员需要事先了解组员的家庭状况，很多组员是在单亲家庭中生活，要注意分配给他们所记录的对象是否可行，不要因为一时疏忽而伤害了组员的感情。提醒学员要独立完成，不要请父母帮忙。

所需器材：

纸，笔，问卷，记录表。

附录

父母一天活动记录表

开始时间	结束时间	主要活动
8：00	8：30	妈妈准备早餐

作业要求：

需要组员仔细观察父母的活动，并记录下来；

观察的时间可以为一整天；

要求人人完成。

了解异性

（时间为 90 分钟）

目标：

※ 帮助组员了解男女生理和角色差异。

※ 了解男女表达方式的不同。

※ 学习理解和接受不同性别的差异。

工作人员提示：

在给组员讲解男女的生理差异时，工作人员需要特别注意：

第一，要用正确的术语来讲解男女生殖器。

第二，要创造气氛让组员学习正视自己的身体构成。

时间	目标	内容
8 分钟	重温上一次小组活动的内容。	工作人员带领组员回顾并分享各自的家庭作业，讨论父母在家庭中承担的不同的角色和责任，邀请组员一同讨论和总结。 注意事项：避免造成性别歧视。
2 分钟	让组员认识本次活动的目的。	由工作人员介绍本节内容。
35 分钟	帮助组员了解男女生理上的区别。	由工作人员准备器官图片及道具，向组员详细介绍男女的生理差异，并邀请组员就自己感兴趣的问题提问。 组员所提问题由其他组员先尝试回答，再由工作人员进行补充。 注意事项：工作人员的态度要坦诚自然，并乐于回答组员提出的问题，同时特别需要强调生殖器官和身体其他器官一样，都属于自己的一部分，不同的是，生殖器官不能随意暴露在外，要学习爱护自己的身体。在介绍器官的同时，注意使用正确的名词。
10 分钟	帮助组员了解男女表达和行为上的区别。	分男女开展小组讨论，由组员评选男女生最讨厌的行为，并派代表在大组中汇报。 工作人员总结归纳男女最讨厌异性的行为。
10 分钟	休息。	

续前表

时间	目标	内容
20分钟	男女相处中好的接触和不良接触； 提高组员自我保护意识。	工作人员询问不同的接触的心理感受，排列出好的接触行为和不良接触行为。确定异性交往过程中身体距离、手的接触，以及可接受的身体接触范围。 讨论遇到不良接触行为时，组员应该有的反应，包括：大声拒绝，表情严肃，向他人求救，到安全的地方，告诉家长和老师，报警。 角色扮演：让组员表演在公众场合遇到不良接触时如何反应，其他组员提供回馈。 注意事项：工作人员在划定好的接触和不良接触之间的界限时，需要与组员共同讨论决定。
3分钟	总结本次活动。	工作人员与各组员重温本次活动的内容； 组员给本次小组活动评分。
2分钟		家庭作业：思考“我心目中理想的异性是怎样的”。

所需器材：

器官图片及娃娃道具，纸，笔。

表达的艺术

（时间为 90 分钟）

目标：

※ 帮助组员发现在与异性相处时面临的问题。

※ 发现自我表达能力的不足。

※ 帮助组员学习如何正确表达，以及表达时要注意的分寸。

时间	目标	内容
3 分钟	提醒组员小组的规则。	由工作人员重新提醒组员小组的协约，并表扬组员在过去几节中的表现，希望组员能够坚持。
2 分钟	让组员认识本次活动的目的。	由工作人员介绍本节内容。
10 分钟	加深组员对所学内容的印象和理解。	工作人员邀请组员回忆上两节小组活动的内容。
30 分钟	提高组员对异性的认识； 帮助组员了解异性的期望； 帮助组员对比自身与期望的差距。	工作人员邀请组员对其家庭作业进行分享，主题围绕“你心目中理想的异性是怎样的”。评选最受人欢迎的男生和女生的行为及性格是怎样的。与上一节评选出的“最讨厌行为”做对比，并分析自身是否有这些行为，讨论如何避免“最讨厌行为”的出现。 注意事项：尽量引导组员从外形上的要求发展为对行为和性格的要求。工作人员不要带有太强的主观指导性，要在组员讨论的基础上，归纳出各种组员喜欢或讨厌的行为。
15 分钟	帮助组员提高自我表达的能力； 增加小组的归属感； 建立组员中的互助关系。	工作人员邀请组员讨论在与异性交往中遇到的主要问题，以及怎样处理，由组员分析过去的经验，找到处理方法，由工作人员总结。处理方法包括：事前认真准备；找一个舒适的环境，慢慢表达；告诉对方自己有点紧张；深呼吸。
10 分钟		休息。
30 分钟	帮助组员明白在异性面前需要注意的事项。	工作人员教授组员“一秒钟技巧”来平息紧张情绪。工作人员要求组员找一个舒适的地方坐好，先深吸一口气，开声念十下，其他组员在心中默念十下，在此过程中将气呼出。小组练习一次。

续前表

时间	目标	内容
		工作人员带来小组讨论在与异性交往过程中，需要注意的礼貌、举止、距离、语言、身体语言、眼睛接触等规则。 组员分组进行角色扮演，扮演内容为男士请女士外出吃饭，其他组员给予回馈。
5 分钟	总结本次活动。	工作人员与各组员重温本次活动的内容并为本次活动评分。
5 分钟		家庭作业： 思考：如果被他人拒绝，你如何应对？

所需器材：

纸，笔。

接受与拒绝

（时间为 90 分钟）

目标：

※ 帮助组员提高自我表达的能力，学会接受别人的请求。

※ 学习如何拒绝别人的请求，或应付被人拒绝的感受。

时间	目标	内容
5 分钟	重温上节内容。	工作人员采用问答式引导组员回顾过去 3 节的内容，总结已经学习的技巧和方法。
10 分钟	家庭作业分享。	工作人员引导组员分享各自的家庭作业：当我被人拒绝时，我是怎样应付的？ 工作人员进行总结和归纳。
2 分钟	让组员认识本次活动的目的。	由工作人员介绍本节内容。
25 分钟	帮助组员学习接受、拒绝以及被人拒绝的技巧。	工作人员与组员一起系统讨论： 向别人提出邀请； 接受别人的邀请； 拒绝别人的邀请。 工作人员总结讨论结果，特别强调：在拒绝别人时，一定要说明原因和理由；被拒绝时要问清原因，不要胡乱猜测。 由组员抽签决定角色并进行扮演，其他组员给予回馈。
10 分钟		休息。
20 分钟	帮助组员分析被拒绝的负面情绪，并学习处理负面情绪的方法。	小组讨论被人拒绝后，可能会出现的负面情绪，以及在出现这些负面情绪时，各自的处理方法。 工作人员进行总结和归纳。 分享情绪自我疏导方法，工作人员向组员介绍几种方法： 静坐冥想； 深呼吸； “哈”字练习。 注意事项：在做冥想练习的时候，需要注意环境安静，选择合适的音乐和引导词。
3 分钟	总结本次活动。	工作人员与各组员重温本次活动的内容，给本次活动评分； 提醒大家小组活动还有两次就要结束了。
5 分钟		家庭作业：回家就所学的放松技巧进行练习。

所需器材：

设计好的情景和签，纸，笔，录音机，柔和的音乐。

附录

冥想引导词

- 我闭上眼睛，放松身体的每一部分……放松头部，放松我的手臂，放松我的脚，身体觉得好舒服，轻松。
- 我静静地躺着，觉得好舒适，好自在。周围非常宁静。
- 我的身体很轻，很轻，慢慢升起来，飘着飘着，离开了这个房间。我看见自己来到了一个美丽的森林中。
- 我感到了温暖的阳光照在身上，很舒服。
- 我感到微风吹过来，觉得很舒畅。
- 我听见小河中流水的声音，水在流着，每滴水流过石头，发出悦耳的潺潺声。
- 我听到鸟儿的声音，它们在树上歌唱。
- 我看到了蝴蝶在飞舞，蝴蝶非常漂亮。
- 天空很蓝，白云在飘着。
- 大自然真的很美妙，原来是这样美好。
- 我感受到了和煦的阳光，舒畅的微风，我听到了流水的声音，鸟儿的歌声，我看到了美丽的蝴蝶，很蓝的天空，白白的云。
- 我感到很舒服，我感到很轻松，感觉着美好。
- 我的身体很轻，很轻，飘着飘着，飘到了这个房子上面，我看见自己很舒服地躺着。
- 我回到了这个房间，慢慢地集中精神。
- 我感到了身体的移动，周围有一些细微的声音。
- 我们回来了。

解决相处过程中的冲突

目标：

※ 帮助学员认识人际冲突。

※ 学习解决冲突的方法。

时间	目标	内容
5 分钟	重温上一节小组活动的内容。	组员们围成一圈坐好，工作人员用问答形式帮助组员回忆上一节中的活动内容。组员被期望能够回忆起上节的活动流程，拒绝别人和被人拒绝时的表达方法，以及处理被人拒绝后产生的负面情绪的方法。
10 分钟	放松练习。	“哈”字练习：请组员自愿带领其他组员进行。先深吸一口气，用“哈”长音将气呼出。 冥想练习：组员们围成一圈，要求组员找一个令自己舒服的姿势和位置坐好；组员按要求闭上眼睛；工作人员用温和的语气读出预备好的文字，伴随着音乐，带领组员冥想。 注意事项：在放松练习开始之前，工作人员先提出练习时需要注意的规则：不许发出声音，不许说话及嬉笑。 深呼吸十秒钟：请组员自愿带领其他组员进行。先深吸一口气，带领组员开声念十下，其他组员在心中默念十下，在此过程中将气呼出。
2 分钟	让组员认识本次活动的目标。	由工作人员介绍本次内容及活动目标。
25 分钟	帮助组员学会从别人的角度去思考问题。	工作人员请组员分享自己过去和别人的冲突、冲突的原因、过程、结果以及之后的感觉和心情。邀请其他组员对冲突中的角色进行扮演并分享扮演过程中心里的感受。
10 分钟		休息。
10 分钟	户外游戏：解人绳。	工作人员让组员围成一圈站好，记住自己左右旁的人，然后随意走动，待工作人员喊停后，组员原地站立，并寻找自己左右旁的组员，试图重新拉手，可能在自己和左右旁组员之间，隔着几个人，需要设法通过，并还原。游戏结束后，工作人员带领组员分享，期望组员了解到：通过大家的配合和努力，原本复杂的问题都可以解决。

续前表

时间	目标	内容
20 分钟	帮助组员学习日常人际冲突的基本解决技巧。	工作人员总结归纳人际冲突过程中解决冲突的五种技巧：协商（讨价还价），武力，调解，躲避，认错。让组员进行角色扮演，学习讨价还价，并在表演过程中对组员的言行进行修正和指导，让组员练习。通过角色扮演使组员学会人际冲突的基本解决技巧。
10 分钟	布置家庭作业。	由工作人员向学员派发纸张和笔，请组员记下冲突的几种解决方法，回家后进行思考，找出最好的解决方法，并说明为什么。
5 分钟	总结本次活动。	工作人员用问答形式询问组员本次活动的内容；邀请组员为本次活动评分。
2 分钟		工作人员需要提醒组员下一次将是最后一次小组活动。

所需器材：

纸张，笔，录音机，磁带。

总　结

（时间为 90 分钟）

目标：

※ 帮助组员回顾小组活动内容，巩固所学知识。

※ 制订个人未来计划。

※ 安排组后跟进。

※ 后测。

时间	目标	内容
2 分钟	让组员认识本次活动的目的。	由工作人员介绍本节内容。
10 分钟	处理组员的离别情绪。	工作人员引导组员澄清自己对小组即将结束时产生的离别情绪，分享自己的感受，希望组员能够明白离别在生命中的意义，这是一种在日常生活中必须面对的挑战和成长。
10 分钟	家庭作业分享。	工作人员引导组员分享家庭作业，讨论什么样的方式是解决冲突的最佳方法。 注意事项：需要向组员说明各种方式的优点和弱点，特别强调协商在解决人际冲突中能够达到双赢的效果。
20 分钟	回顾：我的成长。	工作人员与组员一起回顾在小组中学到了什么，对比小组前后的变化，同时讨论还有哪些问题没有得到解决。
10 分钟		休息。
20 分钟	帮助组员制订关于人际交往的未来计划和目标。	在工作人员的帮助下，组员制订关于人际交往的未来计划和目标，制定个性化目标。 工作人员介绍可利用的资源给组员。 希望机构的老师能够跟进。
13 分钟	后测。	工作人员安排问卷的填写，以了解组员的个人变化。
10 分钟	结束语。	邀请组员给本次活动评分； 邀请三原色老师参加，针对每个组员安排计划跟进。

所需资源：

（1）小组手册的打印，组员人手一份。

（2）一间可容纳10人～12人的活动房间。

（3）文具若干，笔、纸、问卷等。

（4）投影仪（如果有的话），图片，挂图。

（5）茶水。

（6）录音机，音乐磁带。

四 小组活动效果及组员的反应

由于组员与社工在小组活动前就互相有了一些了解，因此，在小组活动开始之后，不需要太多的时间来互相认识和熟悉。

（一）小组的气氛

从整个小组记录情况来看，小组的气氛比较融洽，组员的参与热情比较高，特别是在谈到男性与女性的生理差异时，组员的参与比较主动，在随后的提问中，组员非常积极。可以看出，组员对每一节的话题都比较感兴趣。

（二）小组的沟通模式

小组内部的沟通比较充分，在开始进行家庭作业分享时，基本上属于线性沟通，即主持人与组员的沟通。但是，随着讨论的话题的深入，沟通模式变成了双向和多向沟通，即组员互相之间、组员与主持人之间的沟通明显增加。沟通模式的改变，提高了组内的热烈气氛，同时，也调动了组员的积极参与热情。

（三）小组的凝聚力

经过第一次的小组活动后，小组的团结表现出来，组员互相之间能够坦诚相待，小组的凝聚力开始表现出来，具体表现就是，小组内部组织活动时，组员比较配合，不需要推来推去。因为，这个时候组员开始意识到，这个小组是自己的小组，每个人都应该积极参与。同时，在小组活动过程中，有其他学员来敲门、想进来看看小组活动时，有组员会主动走出去告诉他们：小组正在活动，不要打扰。每次小组结束时，当社工提醒大家不要将小组中的内容外传时，都得到了组员的一致支持和赞同。

（四）小组的领导形式

在小组中，基本上还是以主持人为中心，没有出现另一个领导中心。六位组员也基本上没有形成次小组，只不过男生愿意在一个现有的小组进行讨论，女生愿意形成一个小组讨论。

（五）组员的反映

第一次小组活动结束后，组员感到意犹未尽，不愿意离开，还有组员说："能不能让我们继续小组活动？"他们普遍感到，在小组中学到了很多新东西，特别是男女生理、心理差异，男性与女性的角色、责任，人际冲突的处理，特别是讨价还价的技巧的学习，给他们留下了深刻的印象。连家长也反映，孩子参加小组后变得开朗了，回家后时常能听到一些新鲜事，比如买黄瓜（讨价还价游戏）等。还有，组员对离组的情绪反应比较大，普遍表现出不乐意离开和舍不得离开。另一个明显的变化就是，我们发现，在问卷填写上，前测的时候，组员们在对未来配偶的要求中，没有人提及责任心，而在后测中，有几位学员提到了责任心。

（六）小组的测量与评估

为了检测小组的有效性，我们事先设计了一个问卷，来检测组员在与异性的人际交往方面的知识和能力。通过前后测的问卷对比，我们发现，组员在几个方面发生了明显的变化。

（七）小组的困难与反思、建议

由于这个人群在学习能力上存在一定的困难，因此，在主持这个小组过程中，我们发现有这些问题：

（1）组员不能理解所讨论的内容。解决办法：使用简易的语言文字；举例解释比较抽象的概念；主动询问组员是否明白，如果组员表示不明白，再作解释。

（2）组员专注力较差，不能集中精力。解决办法：用多种形式组织，令组员产生兴趣，保持精力集中。例如：游戏、音乐、舞蹈、角色表演、个案分析等形式。

（3）分享时气氛僵硬，参与被动。解决办法：分享之前用热身游戏活跃气氛；用角色表演、个案分析等形式代替分享。

（4）组员填写问卷时有识字困难。解决办法：减少问卷中文字的难度；事前找同等水平的其他学员尝试完成问卷，以确保组员可以完成；老师在旁边辅导组员完成问卷。

（5）组员表达能力不佳，出现"所答非所问"、"答题内容空泛"或"答题内容过长，没有重点"的现象。解决办法：可以与组员在事先取得约定，限制说话时间，告诉大家要先回答问题，再表达自己。

（6）小组的功效持续性的问题。解决办法：希望小组能够在以后的时间中持续下去，在小组进行和结束后，希望老师和家长进行配合。

参考文献

Bandura，A. *Principles of Behavior Modification*. New York：Rinehart and Winston，1969

Ellis，A. *Humanistic Psychotherapy：the Rational-emotive Approach*. New York：Julian Press，1973

附录：前测与后测问卷

异性沟通技巧训练小组问卷

性别：　　　　　　　　　　年龄：

在"三原色"工作时间：

1. 你在异性面前会感觉到：

（1）自然　　　　（2）心跳加快　　　　（3）结巴

（4）没感觉　　　（5）脸红　　　　　　（6）手脚出汗

（7）不想说话　　（8）话多　　　　　　（9）想离开

2. 你认为在与异性交往中，应该注意哪些规则：

(1) 穿着整齐	是	否
(2) 说话文明礼貌	是	否
(3) 保持身体距离	是	否
(4) 不随便动手动脚	是	否
(5) 避免与对方争吵	是	否
(6) 不乱发脾气	是	否
(7) 与对方开玩笑	是	否
(8) 嘲笑对方的缺陷	是	否
(9) 泄露对方的秘密	是	否
(10) 阻止对方与其他异性交往	是	否
(11) 满足对方的需要	是	否
(12) 时刻赞美对方	是	否
(13) 只要对方高兴，做什么都行	是	否
(14) 对不喜欢的异性，不愿搭理	是	否

3. 你认为自己是成年人吗？　　是　　否

4. 你认为成年有什么标志：

(1) 18 岁以上	(2) 有一个工作	(3) 生活自理
(4) 可以谈恋爱	(5) 不用听别人的话	(6) 主动做家务
(7) 遵纪守法	(8) 可以结婚	(9) 不乱发脾气
(10) 对自己的行为负责	(11) 和父母争吵	(12) 照顾父母

5. 心情不好时，你会：

(1) 发脾气	(2) 听音乐	(3) 告诉家长
(4) 找朋友倾诉	(5) 装作若无其事	(6) 扔东西
(7) 哭泣	(8) 看电视	(9) 打人
(10) 做运动	(11) 向老师求助	(12) 吃东西
(13) 逛街购物	(14) 骂人	(15) 玩游戏

6. 和他人发生冲突时，你会：

(1) 惹不起我躲得起　(2) 与对方讲道理　(3) 与对方争吵
(4) 打架解决　(5) 听从对方的意见　(6) 与对方好好商量
(7) 得理不饶人　(8) 吃过一次亏，以后不与这个人来往
(9) 利用他人来解决冲突 (10) 容忍宽容来解决问题

7. 你心目中理想的男朋友是（女性选择）：

(1) 高大英俊

(2) 有钱有势

(3) 为人诚实正直，有理想，待人热心

(4) 身体健康

(5) 有责任感，关心我

(6) 只要他爱我，其他都不考虑

8. 你心目中理想的女朋友是（男性选择）：

(1) 能干，善于理家

(2) 漂亮

(3) 人品不错，温柔体贴

(4) 只要爱，其他一切无所谓

(5) 身体健康

(6) 有责任感，听话

“泡泡堂”生涯探索小组

一 小组背景

（一）关于上海市阳光社区青少年事务中心

2004年2月18日，上海市阳光社区青少年事务中心作为一支民办非企业社团组织正式挂牌成立，其主管单位为共青团上海市委员会。这标志着上海市政府正式通过购买服务的方式，邀请社团组织聘用社会工作者承担青少年事务的管理工作。阳光社区青少年事务中心负责对全市63 000多名社区青少年提供教育和服务，并对所聘用的社工进行监督、考核和管理。目前，社团已在全市各个区县及其所辖社区设置了青少年事务社工点。

（二）关于上海市徐汇区枫林街道青少年社工点

我们所实习的徐汇区枫林街道青少年事务社工点是上海市首批推行社区青少年社工试点机构之一。社工点共有两名社工，负责向辖区内30余个居委（社区）内共150余名16岁～25岁的“失业、失学、失管”青少年提供社会支持与援助。

一年来，枫林街道的社工从上门挨家挨户入户访谈收集到的信息入手，建立了“一人一册”的社区青少年档案，根据案主社会心理偏差的不同程度分类开展工作。他们通过个案访谈的形式，定期入户了解社区青少年的需要，结合手中的社会资源，为他们提供情感、信息、工具等多方面的社会支持。在他们孜孜不倦的奔走下，一些亲子关系不和的家庭重又获得了欢笑，一些失学的青少年回到了课堂，还有一些游手好闲的青少年走向了社会。

同时，在区团委、枫林街道等部门的协助下，枫林街道的青少年事务社工点为社区青少年开展了健康知识、职业培训、就业指导等讲座，丰富了社区青少年的精神生活。社工点还利用社区资源，定期为社区青少年开展法律知识小组，普及与他们切身利益密切相关的消费者权益保护法、劳动法、民法等内容，使越来越多的社区青少年学会用法律武器保护自己。

为了提升工作的专业性，枫林街道的青少年事务社工点聘请了职业心理咨询师和在校的社会工作专业学生担任志愿者，为社区青少年提供更加专业化的服务。他们还邀请社会各界热心公益事业的人士参与社区的志愿服务工作，与青少年成为知心的朋友。

二 理论架构

（一）理论基础

1. 生涯发展理论

生涯发展是一个持续不断的选择与适应的过程，是个人将所有教育、职业、工作与生活角色等各种经验整合的过程。生涯发展的阶段包括生长期、探索期、建立期、维持期以及衰退期五个发展时期。各阶段发展的年龄是：生长期为 0 岁～14 岁，探索期为 15 岁～24 岁，建立期为 25 岁～44 岁，维持期 45 岁～64 岁，衰退期为 65 岁以后。16 岁～25 岁的青少年正处于生涯的探索期间，这个时期的生涯目标是：

（1）具有确立事业发展方向、寻找和获得工作的技能。

（2）能依据个人意愿、教育机会及职业机会等资料，对职业和事业发展作出合理决定。

（3）具有相当程度的职业技能，顺利就业，并在职业社会里获得相当程度的成功。

（4）能够选择有意义的工作价值观，以激励自己的工作欲望和热情。

（5）离开正规学校教育系统后，通过某些途径去继续接受教育。

2. 焦点解决理论

焦点解决理论强调正向思考的功能，不把焦点放在探讨问题的原因上，而关注对问题的解决与讨论，认为案主才是问题的专家，工作人员要做的是发现案主的资源和潜力，引导他们去行动，不仅重视“例外经验”，也重视“此时此刻”。焦点小组研究法可以说是一种快速贴近辅导对象经验并评估其需求的方法，这种方法可以快速地为方案发展提供参考。

（二）小组模型：互动模型

互动模型主要强调在小组的协助过程中，有类似问题的组员聚在一起，相互协助发展有利于问题解决。互动模型认为，各人和社会存在一种有机的、系统的和符合性的关系，而小组和每一个个体组员间也存在着一种互相影响的关系。小组中组员的互动结果使工作人员在小组中的工作有如下内容：

（1）在小组活动过程中，工作人员寻求并发现满足组员需要及社会期待的共同基础。

（2）组员在小组中了解自己的需要，也了解他人需要并发现需要面临的困难。

（3）小组过程提供给组员解决问题所需要的信息、想法、事实、价值观、理念及概念等。

（4）小组提供给组员看待、分析、解决问题的新观念、新方法。

（5）工作人员与组员共同探讨解决问题的途径，并了解解决问题所需要的资源、环境、背景及限制因素。

三　小组设计

（一）服务的对象

我们的服务对象主要是社区青少年，指“16 岁～25 岁、无固定工作和收入，或已终止学业和尚未进一步就学的青少年”。根据团市委和复旦大学的调查报告，上海市的社区青少年共有 63 000 多名。这部分青少年中有些心理和行为上存在偏差倾向或已经染上不良的习惯，有些青少年曾经有过失误，有些青少年是智障和残障者，还有一些青少年家庭有缺陷或经济条件比较拮据。总而言之，这些原本正逐渐成为社会的中流砥柱的青少年由于种种原因处在社会的边缘。

（二）组员选择的标准

（1）曾经从事过工作，但工作调换频繁，每份工作无法坚持半年以上的社区青少年。

（2）从学校毕业后一直没有找到理想工作的社区青少年。

（3）长期闲散在家，无就业意向或求学意向者。

（4）有轻度智障的社区青少年。

（5）其他还可包括部分已经就业但工作尚不稳定的青少年以及有求学意向但尚未入学的青少年。

（三）小组目标

（1）提高组员对生涯发展重要性的认识。

（2）增进组员对自我的认识和了解。

（3）通过小组为组员提供情感支持、信息支持和陪伴支持。

（4）协助组员开展对个人职业和未来人生的规划。

（5）增强组员积极主动地接触社会的动机。

（四）招募情况

小组的招募工作于 2004 年 7 月 28 日正式启动，截至 2004 年 8 月 2 日，共历时 6 天。我们采用了多元化、多层次的招募形式，取得了不错的效果，使我们的工作进展得相当顺利。

（1）电话访问。枫林街道辖区内共有社区青少年 150 余名，社工根据服务对象心理不良的程度对个案予以不同关注。在招募工作初始，社工与数十个重点个案进行了电话访谈，将生涯探索小组的目的、性质和内容作了简要介绍。

（2）传单入户。在社工的陪同下，我们携带了印制精美的小组宣传单入户与青少年交谈，听取他们对小组的期望。同时，我们对青少年本人和家庭又有了更进一步的了解。

（3）居委会协同。社工与我们再深入居民委员会，在居委会青少年干事的帮助下，对社区内的符合招募标准的青少年作了详细的介绍。

（4）“滚雪球”。社区青少年中的“领袖人物”向我们引见了他所处社交圈中的成员。

（五）小组设计

（1）运用焦点解决理论设计小组内容，给予组员积极正向的回馈，并引导组员发现自我成功经验与优点。

（2）利用霍兰人格类型理论设计游戏，协助组员自我了解并建立生涯概念。

（3）通过自我特质测验协助组员了解个人生涯趋势。

（4）透过生涯幻游协助组员探索生涯初步规划。

（5）透过家庭作业引导组员反思小组内所得。

具体设计方案如下：

活动序号	时间	活动名称	活动目标	活动步骤
1	2004年8月3日	缘来有你	建立专业关系； 订立小组契约； 拟订小组的目标和期望。	短讲； 小熊情缘； 船长与舵手； 契约树； 职业雕塑； 订立小组目标； 总结及回应。
2	2004年8月10日	魔力水晶球	检视个人的兴趣和自我特质； 了解兴趣和自我特质在生涯规划上的重要意义。	心脏病； 神秘岛国之旅； 霍兰职业类型论； 背靠背，站起来； 生涯列车； 人格特质检核表； 人格特质与霍兰职业类型论的联系； 总结及回应。

续前表

3	2004年8月17日	职业万花筒	引导组员认识职业和职业的特质； 协助组员树立正确的职业价值观。	天龙八部； 职业推理王； 职业访谈单； 生涯拍卖会； 总结及回应。
4	2004年8月24日	我的未来	协助组员规划出近期的升学或职业目标； 整合以往活动的学习心得； 加强组员间正向反馈，凝聚信任与友谊。	熊来了； 生涯幻游； 我在哪里； 生涯探索结业式； 我是你的天使； 总结及回应。

（六）小组计划书

缘来有你

目标：

※ 建立组员间及组员与工作人员间的关系。

※ 订立小组契约增强组员的投入程度。

※ 鼓励组员对小组的目标和期望发表意见。

程序：

1. 短讲（5分钟）

内容：

※ 工作人员介绍。

※ 生涯短讲。

※ 活动安排。

2. 认识游戏：小熊情缘（10分钟）

目的：使组员相互认识。

内容：

※ 组员围坐成一个圆圈，工作人员将一只玩具小熊抛向组员，接住的人开始自我介绍。如：姓名、居住社区、兴趣爱好、希望在小组中有何收获等。

※ 介绍完毕，将小熊再抛向其他组员。

3. 破冰游戏：船长与舵手（10 分钟）

目的：促进组员相互熟识。

内容：

※ 组员围坐成一个圆圈，工作人员示范，指着某个组员说：“你是船长……（组员姓名）。”

※ 该组员就要敬礼，坐在他左右两边的人成为舵手，做划桨的动作。

※ 如果该三人中的任何一人动作错误，该组员必须担任下一个主持人。如果有两人以上动作错误，则他们必须通过“剪刀、石头、布”推选下一位主持人。

4. 契约树（20 分钟）

目的：

※ 增进小组的凝聚力与个体的归属感。

※ 鼓励组员讨论出有益于小组的共同约定，并承诺遵守小组订的契约。

※ 激励小组组员适度表达自己的意见、想法，并尊重他人的意见。

内容：

※ 团队组员分成 2 组。工作人员将海报纸、彩色笔、4 片～6 片树叶形纸片发给各组组员，请每组在海报纸上画上一棵树的树干，并将各自小组的名称写在树干上。

※ 让各组进行讨论：在小组游戏、活动或竞赛中，本队的共同约定是什么？接着画出树的枝干（中间写上要讨论的小组契约的项目内容）。

※ 在枝干上画一些树枝，然后对每一枝干的讨论内容作表决（其内容可包含：我会准时出席、我愿意积极参与小组活动及分享、我会对涉及他人隐私的分享绝对保密、我愿意尽全力达成小组目标、我愿意和他人分享我的感受、我会主动和其他人沟通、我会服从大家的共同决定，等等）。

※ 讨论内容通过表决后，各人在自己所拥有的树叶上写下自己的名字，并贴在每一枝干的树枝上。在讨论完该组的契约树后，大家共同分享在这一历程中的心得、感想。

※ 游戏分享讨论题目：第一，你们如何确定表决的方式？这样的约定有什么帮助？第二，在讨论的过程中小组和个人发生问题，你们如何解决？第三，在下一次活动中，你们要如何维持你们共同的约定？第四，当你想到遵守共同契约的具体行为及贴上代表自己的树叶时，有什么感受？第五，在活动中，你是否充分表达了自己的意见？如果没有，是因为什么？

5. 主题活动：职业雕塑（20 分钟）

目的：帮助组员建立认同感。

内容：

※ 组员围成一圈并面向圈外。

※ 工作人员提出一个职业人物，如警察、老师等，组员想象一个动作和表情来表达自己心目中该人物的形象。

※ 工作人员喊“开始”后，组员同时转身，面向其他组员，做出准备好的动作和表情，然后静止，并观看其他组员的反应。

※ 稍作热身后，工作人员指示“将来最想从事的职业”，组员摆好姿势后，其他组员一一分享：为何选择这个职业？从事它有哪些特质？

6. 订立小组目标（15 分钟）

※ 工作人员总结组员们预期目标评估报告，并概述小组目标和小组方案。

※ 征求组员意见和建议并做方案调整。

7. 总结及回应（10 分钟）

内容：

※ 工作人员请大家回忆今天的活动内容，邀请每一位组员用一句话表达参与小组的感受。

※ 工作人员对组员们的良好表现表示赞赏，鼓励应有的行为及提醒不恰当的行为。

※ 用头脑风暴法为小组命名。

※ 填写"小组组员反馈意见表"。

※ 爱的鼓励：有节奏地鼓掌，在日后活动中对组员进行鼓励、控制小组气氛以及每次小组结束时使用。

※ 预告下次活动内容，并重申契约。

魔力水晶球

目标：

※ 协助组员检视个人的兴趣和自我特质。

※ 引导组员了解兴趣和自我特质在生涯规划上的重要意义。

程序：

1. 热身游戏：小熊情缘再续（5 分钟）

目的：帮助新组员融入小组。

内容：

※ 请新的组员抱着小熊简单地介绍自己的姓名和兴趣爱好。

※ 其他组员轮流传递小熊，并向新组员说："你好……我是……"

2. 主题活动一：神秘岛国之旅（20 分钟）

目的：

※ 澄清个人兴趣。

※ 引出霍兰的职业类型理论。

内容：

※ 将事先准备好的六张海报贴在教室的墙壁上，每一张海报代表一个岛屿，海报上写着"欢迎光临，我亲爱的客人！"

※ 由工作人员分发介绍六个岛上风土民情的"神秘岛国之旅须知"，让组员决定要去哪些岛屿以及安排多少时间。

※ 组员迁移到最想去的岛屿上，并让他们讨论想在此岛的原因及优缺点。

※ 每个岛屿邀请一位组员与大家分享心得。

3. 短讲：霍兰职业类型论（5 分钟）

目的：明确个人兴趣与职业规划的关系。

内容：将要点写在黑板上，和组员一起重温。

4. 激励游戏：背靠背，站起来（10 分钟）

目的：

※ 营造团队热闹气氛。

※ 增加组员之间、组员与工作人员之间的信任度。

内容：

※ 两个人坐在地上，背脊紧贴，双臂紧勾，一同使劲站起来。

※ 人数逐渐增加，最好能使整个小组一同站起来。

5. 主题活动二：生涯列车（25 分钟）

目的：

※ 组员能发现生涯发展的因果关系，并对自己的生涯负责。

※ 组员能思考自己各方面的特质和能力，并重视自己的发展。

内容：

※ 工作人员在黑板上张贴“生涯列车”的海报，下发“生涯列车单”。

※ 引起动机。

询问“火车车厢”和“生涯列车”的关联：第一，普通火车的车厢是一个接着一个，这跟生涯列车有什么相似的地方呢？第二，火车行驶有起始站，一站接着一站行驶后，终于到了终点站，这和生涯列车的行驶方式有什么相同吗？

※ 列车发动

● 过往篇

工作人员示范幼儿园的我：重点是我那时长什么样子、常做什么游戏、老师怎么说你、爸妈怎么说你、自己又是怎么认为的、那时候最在乎的是什么，可用幼儿园孩子的语气回忆。再继续两两分享小学、初中的自我。分别填写“生涯列车单”的“幼儿园重点”、“小学重点”、“初中重点”车厢。

全体分享：从小就爱做的事或爱玩的游戏和未来的志愿相关吗？过去的表现、他人的评价，和现在的自己有没有什么关联或影响？人际关系与生涯发展有什么关系？从喜欢上的课能不能看出自己的兴趣或未来？

● 现在篇

两两分享去年的我、现在的我，重点在于目前的生活适应得如何？最爱做的事情是什么？参加什么小组？分别填写“生涯列车单”的“去年重点”和“现在重点”车厢。

全体分享：目前阶段和初中、小学阶段的你在兴趣、别人的评价、人际关系等各方面差异大不大？父母的看法会不会影响我们的生涯规划？你对将来从事的职业的看法有没有变化？

● 未来篇

全体分享：生涯列车不同于一般火车，它没有既定的路线，也没有绝对的方向，但是可以确定的是：这一站会影响下一站的方向，也就是你在每一个阶段的决定都会影响未来的发展。

6. 主题活动三：探索自我人格特质（10分钟）

目的：检视自我人格特质。

内容：指导组员做人格特质检核表。

7. 短讲：人格特质与霍兰职业类型论的联系（5分钟）

目的：重温霍兰职业类型论，明确个人特质与职业规划的关系。

内容：将要点写在黑板上，和组员一起重温。

8. 总结及回应（10 分钟）

内容：

※ 工作人员请大家回忆今天的活动内容，邀请每一位组员用一句话表达参与小组的感受。

※ 工作人员对组员们的良好表现表示赞赏，鼓励应有的行为及提醒不恰当的行为。

※ 填写“小组组员反馈意见表”。

※ 爱的鼓励：有节奏地鼓掌。

※ 预告下次活动。

※ 作业布置：第一，下发“职业访谈单”，要求组员去访问家人、亲戚或对之感兴趣的工作的工作者。第二，收集报纸上和职业访谈单上相同的工作求职栏，下次活动带来与其他组员分享。

职业万花筒

目标：

※ 引导组员认识职业和职业的特质。

※ 协助组员树立正确的职业价值观。

程序：

1. 热身游戏：人、枪、老虎（10 分钟）

目的：

※ 以较热烈的活动使组员彼此热络。

※ 打乱次小组组员间的座位排布。

内容：

※ 与组员一同商讨用何种表情和动作分别代表“人”、“枪”和“老虎”，规则如“剪刀、石头、布”。

※ 将小组分成两组，各组每次选派一名代表以猜拳的方式与对方组决胜，胜利次数多的组为胜。

2. 主题活动一：职业推理王（20分钟）

目的：了解某些职业的特性。

内容：

※ 将小组分为两组，进行竞赛。

※ 说明活动进行的方式：根据相关提示进行职业猜谜，每个职业有两个提示。在提示1就猜出答案的加3分，在提示2猜出答案的则加两分。每组只能抢答一次，猜错则换别组；若组员都猜不出时，就换下一张提示。

3. 主题活动二：分享职业访谈单（20分钟）

目的：了解雇主所要求的条件是否和从事工作者所具备的条件一致。

内容：

※ 请组员将“职业访谈单”和工作剪报作比较。

※ 与其他组员分享。

4. 主题活动三：生涯拍卖会（30分钟）

目的：

※ 认识价值观。

※ 使组员了解自己的工作价值观，并能针对自己的需求加以调整。

※ 了解每个人的价值观有所不同，进而学习尊重不同的价值观。

内容：

※ 每位组员分发5张扑克牌，每张扑克代表1 000元，共5 000元。

※ 工作人员引发集体讨论：如何选择自己的工作价值观？应该选择怎样的工作价值观？

※ 工作人员收集组员们的价值观，并放入拍卖箱。将小组组员所提供的价值项目显示在投影上，进行公开讨论，一共挑选出若干项进行拍卖。如：工资高、工作容易找、工作稳定、有较高的社会地位、能充分发挥自己的才能、人缘好、福利好、工作环境好、能提供较好的受教育机会、工作轻松、工作符合自己兴趣、工作的社会意义大等。

※ 在拍卖前，给组员一段时间思考：准备购买哪些价值项目，并准备以多少资金竞拍。

※ 拍卖开始，每个组员每次喊价的单位以 1 000 元计算。

※ 在拍卖结束后，工作人员总结，并集体分享：在现实生活中，对于个人所执著的价值观如何投入心血？

5. 总结及回应（10 分钟）

内容：

※ 工作人员请大家回忆今天的活动内容，邀请每一位组员用一句话表达参与小组的感受。

※ 工作人员对组员们的良好表现表示赞赏，鼓励正确的行为及提醒不恰当的行为。

※ 填写“小组组员反馈意见表”。

※ 爱的鼓励：有节奏地鼓掌。

※ 预告下次活动。

我的未来

目标：

※ 协助组员规划出近期的升学或职业目标。

※ 整合以往活动的学习心得。

※ 加强组员间正向反馈，凝聚信任与友谊。

程序：

1. 热身游戏：解人绳（10 分钟）

目的：加强组员们的团队合作精神，提高解决问题的能力。

内容：

※ 组员站成一个向心圈。

※ 领导者示意："先举起你的右手，握住对面那个人的手；再举起你的左手，握住另外一个人的手；现在你们面对一个错综复杂的问题，在不松开手的情况下，想办法把这张乱网解开。"

※ 告诉大家一定可以解开，但答案会有两种：一种是一个大圈，另外一种是两个套着的环。

※ 如果实在解不开，领导者可允许组员决定相邻两只手断开一次，但再次进行时必须马上封闭。

2. 主题活动一：生涯幻游（30 分钟）

目的：展现近期生涯目标。

内容：

※ 工作人员在轻柔舒缓的音乐中引导组员调整身体姿势，放松身心。

※ 开始幻游活动。

※ 分享与讨论：请组员描述五年后的自己，以及在幻游中的感受、体会。

※ 工作人员回馈：幻游能让我们一窥自己梦想的境地所在，人生有梦真美好，但我们无法坐享梦想成真，所以主动规划自己的人生便显得重要了。

3. 主题活动二：我在哪里？(20 分钟)

目的：

※ 进行小组评估。

※ 巩固以往学习重点。

内容：

※ 用 5 把椅子一字排开，表示"1～5"5 个评估标准（1 表示最低标准，5 表示最高标准），要求组员反思参加小组的收获。

※ 工作人员提出："这次活动你认为自己的开放程度如何？"组员选择1～5中某个标准，并站在相应的椅子旁边。

※ 工作人员邀请几位组员讨论他们的选择，尽量给予支持和鼓励。

※ 工作人员继续提问，如：你觉得自己的自我探索程度在参与小组后有多少正向改变？你对将来职业世界的了解如何？你觉得自己对生涯规划的了解程度如何？你在小组中的学习和收获有多少？

4. 小憩

5. 热身游戏：天龙八部（5 分钟）

目的：

※ 以较热烈的活动使组员彼此热络。

※ 打乱次小组组员间的座位排布。

内容：

※ 组员按照椅子背后事先贴好的号码排列。

※ 将双手搭在左右组员的肩膀上，围成一个圆圈。

※ 在工作人员的口令下往中心踏小步。

※ 计算共能走动几步。

※ 注意事项：注意肩部的压迫，压力过大时应出声停止再向前；避免朝某一方向跌倒。

6. 主题活动三：生涯探索结业式（10 分钟）

目的：嘉许和鼓励各组员。

内容：

※ 工作人员预先为各组员准备结业证书，证书上写有工作人员对各组员赞赏和鼓励的话。

※ 在发给每一位组员时，工作人员郑重地读出这段话，然后邀请该组员简要分享。

7. 主题活动四：我是你的天使（10 分钟）

目的：结束小组，加强组员间正向反馈，凝聚信任与友谊。

内容：

※ 每位组员将自己的名字写在彩色纸片上，投入箱子。

※ 每人在箱子中抽取一张彩色纸片（如果抽到自己的就放回箱子中重新抽取）后，请不要告诉任何人，默默地在他（她）的名字下面写下一段充满温暖、充满爱的话。

※ 组员们逐一将手中的话读给对方听，每人开头要加上“……我是你的天使”，再开始分享，完毕后庄重地将纸片交给对方。

8. 总结及回应（10 分钟）

内容：

※ 填写“后期评估”。

※ 邀请组员用一句话表达参加小组的心情、感受。

※ 工作人员简要评述，并留下联络方式。

※ 颁发活动中具有突出表现的荣誉奖项，如“发言踊跃奖”、“脚踏实地奖”等。

※ 爱的鼓励：有节奏地鼓掌。

四 小组活动效果及组员反应

（一）早期

小组的开始阶段是小组生命的重要时段，未来小组的风格在很大程度上取决于它的开始阶段。在首次小组聚会中，组员的任务是讨论契约、建立共同目标、学习指导原则、分享表层性感受及达成人与人之间的融洽沟通等。此时，组员的心情往往带有矛盾性，既紧张又焦虑，还带有探索与猜疑的心理，因此，此时的小组气氛也比较冷漠、僵硬、封闭、缺乏沟通。所以，我们的生涯探索小组在“缘来有你”中设计了一系列增进相互认识、制造活跃气氛和解除紧张的活动。

1. 迟到现象比较严重

第一次活动时间为 8 月 3 日下午 14：00，地点在东安二村第二居委会老年活动中心。除了一位组员在 14：00 之前就到达之外，其余组员都姗姗来迟，最后一位组员抵达的时候已经是 14：25 了。在等待的过程中，组员间的陌生使小组气氛有些尴尬。有些组员安静地坐在座位上，望着地面发呆；有些组员则东张西望，视线很少与他人接触；有些组员则在靠近门口的地方来回踱步，似乎随时准备离开；有位组员干脆在门外的走廊上抽起了香烟。

2. 对领导者依赖性强，但小组气氛逐渐活跃

工作人员短讲后的认识游戏“小熊情缘”，邀请大家以玩具小熊为道具，向小组作自我介绍。许多组员并不习惯对着那么多陌生人表达自己，神情比较紧张，目光只敢对着领导者，大家的自我介绍都只有寥寥几句，领导者追问之下后又会补充一些。但当一位组员说到自己最喜欢的电脑游戏是“泡泡堂”时，几个原本低着头的组员顿时来了兴趣，询问彼此的“级别”。也正因为这个“缘分”，组员们一致同意将我们的小组定名为“泡泡堂”。领导者觉得这是联结小组的好机会，便鼓励他们可以在小组活动后切磋“技艺”。随后的“船长和舵手”是一个考验组员是否能够回忆他人姓名的游戏，还需要配合幅度较大的动作。一旦某个组员动作完成得不标准或是名字回忆有误差，都会引来其他人会心的微笑，而且几个爱表现的组员也得以在众人面前“耍宝”，先前紧张尴尬的气氛顿时有了转机。

3. 初次探索小组的实质，组员心情复杂矛盾

“契约树”活动是我们生涯探索小组第一次将话题从组员个体身上转向“小组”这个整体，要求组员们以“小组”中一员的身份理清责任和义务、期待与需要。一开始，我们的组员似乎并没有做好思想准备，对着海报纸和五彩缤纷的树叶无从下手。于是，领导者采用了比较生动灵活的方式，让他们用句子完成法来制定契约，如“在小组中，当……时，我觉得最舒服”、“我喜欢其他组员能够……”、“在小组中，我最不希望看到的是……”等。有了这样的形式，原本僵持的气氛再次活跃起来，大家从思考参加小组代价和怀疑小组能力的心情中走了出来，开始敞开心扉融入小组。

4. 生涯探索主题活动引发组员们的浅层次自我表露

“职业雕塑”用形体和表情表现某种职业，最后引导他们向小组表露自己将来最希望从事的职业。有了前面一系列活动的铺垫，这个环节时组员们已经不再紧张了，而且每个人都一本正经地摆着千奇百怪的造型，让人忍俊不禁。大家憧憬着未来，有些组员还侃侃而谈他们的梦想，空气中似乎充满着阳光的味道。

(二) 中期

小组的中期包括小组的形成期和小组的工作期两个阶段。

经过小组早期，工作人员和组员之间已经初步熟悉，相互有所了解，但小组似乎停滞了，可能会出现组员分享不够具体深入、人际互动形式化、组员开放程度不一等问题。此时，领导者需要继续以开放、包容、尊重等特质与组员互动，运用联结、设限、保护等技巧，也应在活动中加入激发、增进小组动力的活动。因此，我们的“泡泡堂”生涯探索小组在“魔力水晶球”中设计了相应的活动。

1. 迟到现象有所好转

第二次活动定在第二周的星期二下午14：00，地点依然在东安二村第二居委会老年活动中心。根据小组开始前电话访问的结果，有两位情况比较特殊的新组员将加入我们的小组，一位是轻度智障者，另一位面部大面积烧伤。在约定时间前到达的人数从原来只有一个上升到了四个，而其他老组员也在14：10之前赶到了，只是另有两位新组员到14：20依然不见踪影。

2. 小组内人际关系已有起色，但对新组员接纳不够

在等待新组员的过程中，小组显然已经比第一次聚会时熟悉了很多，三四位组员聚在一起交换玩“泡泡堂”的心得；而不太熟悉的组员则静静地坐在座位上，碰到他人的目光也会报以微笑，偶尔也会与身边的组员交谈几句。为了防止次小组现象影响小组整体的凝聚力，领导者在小组正式开始之后将组员的座位进行了调动。活动正式开始后，领导者继续“小熊情缘”活动，邀请新组员作自我介绍，然后请每位老组员向他们做出回应，部分组员似乎对外来者并不感兴趣，自顾自窃窃私语。在活动的进行中，一位智障的新组员说话不太流利，个别组员显出不耐烦的神色。领导者意识到这样的氛围会伤害到新组员，便向小组示范接纳与包容。同时，随着分享的深入，小组开始了解这位新组员人残志不残、坚持服务社区养老院长达五年之久，大家开始在他发言时给予积极的关注。

3. 激励游戏中组员分享此时此刻的感受，激发了团队凝聚力

小组进入形成期后，组员希望投入小组和害怕受到伤害的心情再次成为一对矛盾。为解决组员相互之间不信任的问题以及形成凝聚力的需要，活动可以采用一些使组员分享感受的形式。所以，我们的第二次活动中加入了“背靠背，站起来!”的激励游戏。这是一个依靠小组协作精神和默契配合才能完成的游戏，而且近距离的肢体接触又增进了组员之间的信任度。虽然那位智障的新组员和他的搭档并没有完成这个游戏，但从其他组员自发的加油助威声中和搭档宽容的安慰中，可以看出他正在被小组接纳。在游戏后的分享中，组员们都真诚地表示团结一致的感觉非常好。

4. 对自我兴趣、特点和能力的生涯探索活动引发组员自我表露

在小组形成期中，工作人员与组员之间、组员与组员之间相互了解程度已经加深，其开放程度也会随之加大。活动设计中加入中层次分享活动，有助于组员认同小组，并激发更多自我探索、自我了解的机会。因此，我们结合了生涯探索的主题，设计了“神秘岛国之旅”、“生涯列车”和“人格特质检核”等活动，通过游戏、分享和心理测试的形式，组员们声情并茂地分享了自己的兴趣和重要人生事件，小组气氛十分温馨融洽。尤其是在“生涯列车”活动中，两位组员主动向小组表露他们曾有失足的过去，但其他组员们并没有排斥他们，而且非常宽容地报以微笑；一位组员透露他刚刚找到工作，而且工作非常顺利，如果大家有兴趣他可以帮忙介绍。但是，组员们的开放程度并不相同，在邀请那位面部大面积烧伤的新组员分享他人生中的重要事件时，他一度出现抵抗情绪，加之领导者也未能很好地处理，导致他中途休息时借机离开了小组。

在小组进入工作期后，组员之间建立起了信任感和凝聚力，他们渴望在小组中学习与成长，对有效解决个人问题、达成小组目标充满希望。此时，领导者对小组的控制行为会逐渐减少，组员有了更多的自由互动与个人成长的空间。我们的“泡泡堂”生涯探索小组在“职业万花筒”活动中，充分体现了旺盛的小组活动力。

（三）中后期

1. 小组契约已经为组员们所内化

在这个阶段，小组的凝聚力达到最高点，组员们逐渐将小组契约制度化与合理化的行为演变为自觉行动。首先，可以从他们遵守时间约定的行为看出。第三次活动约定于第三周的星期二上午 9：00 在东安公园门口集合，上星期还夸张地嚷着这个时间太早起不了床的组员们，刚过 9：00 就全部抵达集合地了。在活动过程中，对小组共同做出的决定，组员们会非常配合地执行，比如，活动场地的迁移和游戏规则的协调。

2. 小组人际关系十分融洽，正向反馈增多

经过两次活动，组员之间、组员和工作人员之间更加熟悉、更加相互体谅。很多组员都是饿着肚子赶来参加小组活动的，工作人员示意他们可以一边参与活动一边食用我们准备的小点心，但他们坚持等到中间休息才吃。休息时，工作人员和组员们坐在一起聊天，一位组员为大家表演了街舞，引来大家阵阵喝彩，很多行人也驻足观看。分享“职业访谈单”时，两位组员表露了他们曾经创业失败的经历，希望大家能够引以为戒，少走弯路。活动中，那位智障的组员会不时碰到一些无法理解的词句，周围的组员非但没有嫌他麻烦还主动为他解释。活动最后，领导者和组织者向小组反馈本次活动的感受时，组员们给予了热情的掌声和欢呼；当提到下次活动是我们小组最后一次活动时，组员都显出依依不舍的神情，嘟囔着时间过得好快。

3. 凝聚力高度集中，对小组目标达到认同

在本次活动结束后，许多组员自发地为工作人员整理场地、搬运物品。在通向东安公园的出口的小径上，我们发现七八个组员挤作一堆似乎在商量着什么。原来，他们正约定今天下午一起去组员小朱工作的快餐店参加面试，而热心的小朱正在向他们传授面试的要领。

（四）后期

在小组结束期，小组维持自身的内在体系的能量已经逐渐消失，组员也不像以前投入那么多精力在小组内了，开始逐渐从参与中撤退。所以，小组的发展也受到影响，但此时小组的追求更多地转向小组之外。我们的"泡泡堂"生涯探索小组，在进行到"我的未来"时深切感受到这些微妙的变化。

1. 小组目标较好地达成

组员们预感到了小组即将终结，显得比较兴奋，所以对于诸如"生涯幻游"之类的主题活动很难静下心来参与。但反之，对于那些整合以往活动收获的活动比较投入。比如，在"我在哪里?"的评估游戏中，组员们给了我们"泡泡堂"生涯探索小组非常高的评价。结合活动后的评估问卷可以看出：组员对小组的整体印象、组织者的印象、小组的氛围都有比较高的评价；相对而言，个别组员在小组间的尊重程度方面的评价稍低，这可能与他们参加时间比较短有关；在个人成长方面，组员对于个人特质、职业规划和个人人生的规划都有了进一步的认识，但个别组员由于第二次活动未能参加，导致了解自我兴趣评价稍低。

2. 组员与工作人员以及组员之间的专业关系转化为社会关系

在与组员闲聊中我们得知，有三位组员和一位组外的在校学生悄悄地组成了一个跳街舞小组，每天早晨都到东安公园练习，并且准备报名参加社区青少年才艺比赛。在本次活动的末尾，组员之间、小组的工作人员和组员之间互留了联系电话、QQ号和电子邮箱。在他们的盛情邀请下，两位领导者和一位社工老师加入了青少年们的“夜晚狂欢”——卡拉OK包房唱歌。大家约定“小组不在友谊在”，希望这样的聚会活动今后每隔一两个月举行一次。

3. 利用突发事件的契机进行小组跟进

在唱歌活动中，由于我们去的那个娱乐场所设置了“最低消费”限制，并且其提供的服务与承诺不符，所以在付费时双方发生了争议。正当社区青少年们气愤地准备拒付走人时，社工张老师阻止了他们，并致电市消费者协会进行投诉。消费者协会判定青少年们应先垫付钱款，第二天由社工老师出面以书面形式将此事报告给消费者协会，再作责任裁定。原本剑拔弩张的气氛顿时缓和下来。结果，消协认为娱乐场所已事先告知消费者“最低消费”限制，所以免除其法律责任。三天后，小组重新聚集，召开了一次关于消费者权益法普及的座谈会，并约定今后将召开有关劳动法、民法、刑法等的座谈会。

五 小组的测量与评估

（一）评估工具

1. 前期评估表

生涯探索小组辅导前期评估表

亲爱的同学：

首先非常欢迎你参与我们的生涯探索小组培训。在小组正式开始之前，请你如实填写以下问题。这将有助于我们这次活动的开展并保证你自身能从我们这次小组活动中受益，谢谢！

（1）你是怎样看待生涯探索的？

____

____

（2）目前你对自身的了解程度怎样？（请用 1 至 5 表示，1 表示一点也不了解，5 表示非常了解）

1）兴趣 ………………………………………………（　　）

2）特质（特点） ……………………………………（　　）

（3）你清楚将来的自己吗？（请用 1 至 5 表示，1 表示一点也不清楚，5 表示非常清楚）

1）未来职业 …………………………………………（　　）

2）人生规划 …………………………………………（　　）

（4）吸引你参加我们活动的是：

1）________________________________

2）________________________________

其他：________________________________

（5）你期望在我们小组有哪些收获？

1）________________________________

2）________________________________

其他：________________________________

姓名：

日期：

2. 小组组员反馈意见表（过程评估表）

小组组员反馈意见表

亲爱的同学：

感谢你前来参加本次小组活动。下面的问题是关于本次小组情况的描述，您同意这些话吗？请根据你的实际感受，在合适的分数下画“√”。谢谢！

	极不符合	不太符合	一般	比较符合	非常符合
（1）我能在这次小组中向别人表达我的看法。	1	2	3	4	5
（2）我喜欢这次小组活动。	1	2	3	4	5
（3）我觉得在这次小组中大家能够彼此尊重。	1	2	3	4	5
（4）小组安排的场地让我感到舒适。	1	2	3	4	5
（5）参加这次小组使我对自己越来越有信心。	1	2	3	4	5
（6）我觉得这次小组经验很有意义。	1	2	3	4	5
（7）在这次小组中我乐意与他人分享我的经验。	1	2	3	4	5
（8）我觉得这次聚会中大家互相信任和坦诚。	1	2	3	4	5
（9）我喜欢小组领导的带领方式。	1	2	3	4	5

（10）在本次小组中我最喜欢的部分是____________________，因为____________________。

（11）在本次小组中我认为需要改进的部分是____________________，因为____________________。

（12）我对下次小组有以下期望和建议：

____

____

姓名：

日期：

3. 后期评估表

生涯探索小组辅导后期评估表

亲爱的同学：

非常感谢你完成了生涯探索小组培训！在正式结束前，请再回答以下问题，使我们了解你在小组中是否有收获，这也有益于我们今后活动的开展。谢谢！

	极不满意	不太满意	一般	比较满意	非常满意
(1) 你对整个小组的印象	1	2	3	4	5
(2) 你对小组组织者的印象	1	2	3	4	5
(3) 小组氛围					
1) 对于在小组中的信任度	1	2	3	4	5
2) 对于其他组员彼此间的尊重程度	1	2	3	4	5
3) 对于在这个小组进行分享的程度	1	2	3	4	5
(4) 个人成长	极不符合	不太符合	一般	比较符合	非常符合
1) 能够进一步了解自我兴趣	1	2	3	4	5
2) 能够进一步了解自我特质（特点）	1	2	3	4	5
3) 能够初步规划未来职业	1	2	3	4	5
4) 能够尝试规划人生	1	2	3	4	5

(5) 对我们小组，你喜欢的是什么？

____

____

(6) 你觉得我们小组还有什么地方需要改善？

____

____

(7) 我还想对小组组织者说……

____

____

姓名：

日期：

4. 小组观察记录

第（　　）期　　活动小组观察记录

小组名称：________________　　日期：____________

小组工作人员：____________　　缺席组员：__________

出席组员：______________________________________

小组目标：______________________________________

本节目标：______________________________________

关键事件分析：

（1）简述关键事件

（2）哪位组员最受影响？有何影响？

（3）工作人员的介入目标和技巧

（4）评价介入成效

（5）工作人员感想及回应

5. 小组工作人员自我评估表

第（　　）期　　小组工作人员自我评估表

小组名称：________　　日期：________

这个评估表是评估你在小组的领导技巧，请在最符合你在本次小组的技巧运用项目栏内画“√”。

项目	分项	需要做更多	现在做得很好	需要少做一点
观察	确认紧张			
	注意对谁说话			
	注意谁被遗漏			
	了解对我的意见的反应			
	发现何时小组逃避一个话题			
	确认角色			
	注意非语言行为			
沟通	主动参与（数量）			
	简短、简要地说话			
	肯定的行为			
	主动地倾听			
	拘泥于某个主题			
	中断讨论			
	从聚会到聚会的桥梁			
	说话前先思考			
	对组员表达同理			
	使用有组织的架构			
	鼓励用“我的信息”			
自我表达	以言语表达生气			
	表现幽默			
	说感谢的话			
	隐藏感情			
	分享个人的经验			

续前表

项目	分项	需要做更多	现在做得很好	需要少做一点
忍受情绪的情景	面对冲突或生气			
	允许沉默			
	忍受紧张			
	接受亲密或情感			
	接受负面情绪			
	对挑战作出反应			
	接受预期的冒险			
	表现出没有防卫性			
与组员的关系	挑战或面质个人			
	离开对自己的注意力			
	使用隐喻			
	自发性的反应			
	自嘲			
	创造一个安全的气氛			
	有控制地分享			
	以“此时此地”进行反应			
一般技巧	耐心地等待			
	邀请回馈			
	示范接纳			
	对过程的评价			
	鼓励组员采取行动			

小组工作人员：________

（二）过程和结果评估

“缘来有你”活动阶段评估

1. 组员对本次活动的评估

第一次活动结束后，工作人员请组员们填写了“小组组员反馈意见表”，其中1题～9题是量化评分题（评分标准是“非常符合”打5分，“比较符合”打4分，“一般”打3分，“不太符合”打2分，“极不符合”打1分）；而10题～12题是开放性问题。结果如下：

（1）量化评分题统计（平均得分）

1）我能在这次小组中向别人表达我的看法。　4.27分

2）我喜欢这次小组活动。　4.27分

3）我觉得在这次小组中大家能够彼此尊重。　4.64分

4）小组安排的场地让我感到舒适。　4.09分

5）参加这次小组使我对自己越来越有信心。　3.82分

6）我觉得这次小组经验很有意义。　4.36分

7）这次小组中我乐意与他人分享我的经验。　4.36分

8）我觉得这次聚会中大家互相信任和坦诚。　4.27分

9）我喜欢小组领导的带领方式。　4.45分

由上述统计结果显示：本次活动中，小组对个人的信心程度比较低，由于本次活动参加的组员达到11个，且全部为新组员，所以大家对小组的认识还不是很全面，这也是小组领导人需要改进的。但是，组员之间已经达成了一定的共识，他们普遍能够感受到相互之间的尊重。这一点应该在此后的活动中加以肯定和延续。

（2）开放式问题

10）在本次小组中你最喜欢的部分是什么？为什么？

※ 小熊情缘（8）：气氛热烈，能够了解别人，认识别人，比较搞笑，有吸引力。

※ 职业雕塑（3）：大家都动脑筋，需要有表现力才行，让我们知道自己的职业梦想，好玩。

11）在本次小组中你认为需要改进的部分是什么？为什么？

※ 职业雕塑（1）：趣味性不够。

※ 提高大家的积极性（2）：气氛还不够活跃，让组员自己来，可能会更生动。

※ 小组目标制定（1）：还不够活跃。

※ 游戏多一点（1）：可以提高大家的积极性。

※ 船长与舵手（2）：太单调。

12）你对下次小组有何期望和建议？

※ 一次比一次好。

※ 增加趣味性。

※ 多一点奖品。

※ 让我们多一点自由发挥。

※ 希望人多一点。

※ 组织上更有条理。

2. 工作人员对本次活动的评估

领导者领导技巧评估请详见“小组工作人员自我评估”和“小组观察记录”。以下是对本次活动的安排和场面的控制作分析：

（1）技巧运用或成功之处：

※ 场地布置得当。

本次活动主要是希望我们的组员在一个舒适的环境中没有压力地得到大家的认可。所以我们将活动的房间布置得比较活泼，让组员感受到了一种温馨。

※ 采用多种手段丰富活动内容。

活动中，我们通过契约树、小组契约的制定，与组员达成共识，希望他们能够通过这些环节的运作，形成集体荣誉感和小组凝聚力。虽然有的组员在活动中并不能及时体会领导者的意图，他们是否能够遵守活动的规定还是未知数，但是这样的活动环节还是能够在一定程度上调动他们的积极性。

同时，“小熊情缘”的满意程度是本期活动中最高的，虽然形式有点老旧，但是利用了小熊这一道具后，活动活泼了一点。

(2) 需要改进之处：

※ 组员表现的机会不够。

有些组员认为自己的能力未能体现出来，领导者压抑了他们的表现能力。虽然领导者给每个人一定的发言机会，但是难免有人说得太多，有人说得太少。所以这是领导者做得不够的地方。

※ 未能激发组员参与讨论的主动性。

在“契约树”中，黄雷、张斯佳并不能很好地参与活动的讨论，任凭领导者和其他组员发表意见，这使得小组规范面临挑战。相似的问题在很多小的环节上也有，值得探讨。

"魔力水晶球"活动阶段评估

1. 组员对本次活动的评估

第二次活动结束后，工作人员请成员们填写了"小组组员反馈意见表"，其中1题～9题是量化评分题（评分标准是"非常符合"打5分，"比较符合"打4分，"一般"打3分，"不太符合"打2分，"极不符合"打1分）；而10题～12题是开放性问题。结果如下：

（1）量化评分题统计（平均得分）：

1）我能在这次小组中向别人表达我的看法。	3.91分
2）我喜欢这次小组活动。	4.18分
3）我觉得在这次小组中大家能够彼此尊重。	4.36分
4）小组安排的场地让我感到舒适。	3.82分
5）参加这次小组使我对自己越来越有信心。	3.91分
6）我觉得这次小组经验很有意义。	4.00分
7）这次小组中我乐意与他人分享我的经验。	4.00分
8）我觉得这次聚会中大家互相信任和坦诚。	4.00分
9）我喜欢小组领导的带领方式。	4.09分

由上述统计结果显示：本次活动中，个人的分享的满意程度较低。由于本次活动参加的组员达到13个，且新加入组员占整体的一半以上，在比较短的时间内每个组员分享的时间比较少、分享深度也不够。由于分享时间上的欠缺，也导致了自我信心程度比较低。此外，组员们对于本次活动的场地安排的评价也比较低，活动借用东安二村第二居委会的老年活动中心，虽有一台立式空调和数台吊扇，但由于场地较大，室内还是很炎热的。组员们对本次活动评价相对较高的项目有组员之间的尊重程度、对本次活动整体感觉及领导者的带领方式。

（2）开放式问题

10）在本次小组中你最喜欢的部分是什么？为什么？

※ 生涯列车（5）：既自我反省，又能了解大家的未来梦想。

※ 人格特质检核表（3）：非常准确。

※ 背靠背站起来（2）：很有趣。

※ 全部（1）：都很精彩。

11）本次小组活动中你认为需要改进的部分是什么？为什么？

※ 领导者话比较多（2）：要让组员更多地谈话。

※ 环境不够好（2）：比较炎热。

※ 多点新组员，能够有更多的朋友交流。

12）对下次小组有何期望和建议？

※ 天热、人少，希望有个好点的场所，认识更多的朋友。

※ 拥有更好的环境。

※ 多一点形式丰富的活动。

※ 希望能在谈论时更加热闹。

※ 希望能多一点游戏。

※ 环境好一点，组员多一点，内容多一点。

※ 能多些游戏。

※ 大家保持开心，成为朋友。

※ 希望能多一些有趣的、好玩的、互动的活动。

2. 工作人员对本次活动的评估

领导者领导技巧评估请详见“小组工作人员自我评估”和“小组观察记录”。以下是对本次活动的安排和场面的控制作分析：

（1）技巧的运用或成功之处：

● 场地布置得当

本次活动的内容主要集中在“神秘岛国之旅”和“生涯列车”环节上，为了让组员们更好地沉浸在温馨的气氛中，并以平等的心态相互交流，领导者将座位围成圆形，而自己的座位安排在偏对舞台的位置；6个“神秘岛屿”以扇型的方式安排在舞台上，距离组员坐的位置较近，方便组员上台挑选，也方便台下的人观看台上的情形。

● 采用多种手段丰富活动内容

活动的设计采用了游戏、场景想象、心理测试、海报展示以及分享等形式。采用请组员选择去6个不同特点的神秘岛屿旅游的形式，将原本单一的霍兰人格类型六角模型理论变得比较生动活泼；而“生涯列车”中对于过去、现在和未来的场景想象，避免了单调的人生要点的罗列；而心理测试量表的运用，使得职业心理探索更加科学化；而海报的运用使霍兰理论的要点更为清晰地呈现给组员。

● 协助新加入组员融入小组

领导者采用了颇受大家欢迎的“小熊情缘”的游戏，邀请新加入的几位组员抱着传递情缘的小熊对大家作自我介绍，然后把小熊传递给老组员作简单的介绍，延续了小组间相互尊重、信任、友好的气氛。

● 创设相互信任、相互支持的融洽气氛

目前小组处在建设期，所以领导者使用“背靠背，站起来!”游戏，以期通过组员之间近距离的身体接触，依靠协作精神来完成任务，而旁观者的加油助威也在一定程度上提升了小组动力。

“生涯列车”是一个需要相互聆听、相互包容与接纳的环节。进入每一个环节前，领导者邀请大家握住身旁组员的手并用心灵感觉一下小组的力量，然后一起登上“生涯列车”，在车厢内需要包容和关爱，分享与聆听。

（2）需要改进之处：

● 分享缺失

在“神秘岛国之旅”与填写“人格特质检核表”后展示“霍兰人格类型”理论海报环节时，需增加个人兴趣和人格特质与职业之间关联（某种典型人格类型的人群适合选择哪些职业？间于某些人格类型的人又适合选择什么职业?）的分享，引发组员们自我探索个人和职业之间联系，从而将组员们对自我兴趣的探索过渡到对自我职业的探索。

在“生涯列车”游戏的“过往篇”环节中，领导者应不仅仅局限于引发组员们对于人生事件的回忆，需要更多地追溯其与职业密切相关的含义。

● 未能激发成员解决问题的主动性

在“背靠背，站起来!”的游戏中，黄雷和李继诚第一次尝试但没有成功时，其他组员则在一旁讨论、思考，虽然领导者留给大家思考的时间，但还是比较急切地将正确的做法公布出来。此时，领导者应给组员们适当的分享、讨论时间，并加以适当引导，激发他们解决问题的主动性。如果能够让全体组员分成若干小组同时参与，当有一组成功地站起来后，能够激发其他组的挑战性。

● 纵向控制太强

此点表现在两个方面：一是组员分享时，领导者总结性的语句太多，给人感觉领导者说得比组员还多；二是一个组员分享而其他组员插话时，领导者的干涉偏多，这样不利于组员之间横向关系的建立和维护，应在其他组员的插话不偏离主题的情况下予以提倡。

“职业万花筒”活动阶段评估

1. 组员对本次活动的评估

第一次活动结束后，工作人员请组员们填写了“小组组员反馈意见表”，其中1题～9题是量化评分题（评分标准是“非常符合”打5分，“比较符合”打4分，“一般”打3分，“不太符合”打2分，“极不符合”打1分）；而10题～12题是开放性问题。结果如下：

（1）量化评分题统计（平均得分）：

1）我能在这次小组中向别人表达我的看法。 4.46分

2）我喜欢这次小组活动。 4.77分

3）我觉得在这次小组中大家能够彼此尊重。 4.23分

4）小组安排的场地让我感到舒适。 4.77分

5）参加这次小组使我对自己越来越有信心。 4.69分

6）我觉得这次小组经验很有意义。 4.77分

7）这次小组中我乐意与他人分享我的经验。 4.69分

8）我觉得这次聚会中大家互相信任和坦诚。 4.85分

9）我喜欢小组领导的带领方式。 4.85分

由上述统计结果显示：本次活动中，个人的表达指标和组员间的尊重程度相对偏低，本次活动参加的组员达到13个，其中只有很小一部分是新组员，所以大家对小组的归属感已经有了很大的提高，个人的表达缺陷出现在新组员的身上，这是小组领导人需要关注的。其他指标相对前两次活动，已经有了很多进步。

（2）开放式问题

10）在本次小组活动中你最喜欢的部分是什么？为什么？

※ 职业推理王（2）：能够展示自己的智慧。

※ 人，枪，老虎（2）：有意思。

※ 生涯拍卖会（10）：气氛活跃，对价值观有更多了解，对自己制定未来的工作目标有帮助、好玩、有意思。

11）本次小组活动中你认为需要改进的部分是什么？为什么？

※ 人，枪，老虎（1）：老师的参与度不够。

※ 生涯拍卖会（1）：可以做得更加细致一点。

※ 和前几次活动相比好多了。

12）你对下次小组有何期望和建议？

※ 节目更多一点。

※ 增加讨论部分。

※ 下次是最后一次，希望有精彩完美的结束。

※ 老师和我们一起玩游戏。

※ 吃的多一点，添点冷饮。

※ 希望多举办这样的活动。

2. 工作人员对本次活动的评估

领导者领导技巧评估请详见“小组工作人员自我评估”和“小组观察记录”。以下是对本次活动的安排和场面的控制作分析：

（1）技巧的运用或成功之处：

● 尊重组员的要求，改善活动的环境

根据上次活动的评估，我们了解到组员对室内活动的场所较为不满，认为太热，与其这样，不如前往东安公园更为好玩，所以，本次活动的场所我们选择在东安公园，希望能以此增加他们的积极性。

在活动结束之前，领导者询问了组员对本次活动地点选择的意见，他们普遍比较喜欢。虽然公园里的蚊虫较多，组员还是乐在其中。

● 人员组织工作详尽

为了保证活动的顺利进行，社工几次联系这些社区青少年，并通过各种方式，欢迎青少年前往。在本次活动中，新加入的组员共有 5 人。由于每次小组活动到来的组员不稳定，一部分组员来过一次就不能前来（可能上班，也有一部分组员因为近期半夜观看奥运比赛，早晨无法起床）。

因此，此次新组员的加入，也使得活动可以更加热烈一些。

● 小组规范的多次强调让本次活动顺利进行

经过前两次活动，领导者多次强调了小组的各种规范。本次活动也就很顺利地在规定时间开始了。但是，由于新组员的加入，本次活动的举办过程，由于他们的迟到多次被打断，不过，他们表示以后不会了。

在活动结束之前，领导者及时表扬了组员的改变，同时激励他们再接再厉。

(2) 需要改进之处：

● 组员表现的机会不均等

本次活动中，有两名组员是智障人士，所以，领导者同他们讲话的机会较少，但是，实际情况是，他们还是比较期待自己的发言。同时，新加入的另外两名组员由于拘谨，发言较少，领导者试图让他们发言，但是他们仍然不能展示自己。当然，更为重要的一点是，领导者的引导还比较僵硬，不能很好地鼓舞他们的自信心。

这也正是下次活动需要注意的地方。

● 活动选择地点欠佳

由于活动是在室外举行的，所以此次活动对领导者充满挑战。更为重要的一点是，外来的干扰常常使组员不能集中精神。组员间的交流比前两次激烈，领导者必须在他们开小差的时候更响亮地发表自己的意见。

同时，在先前选择地点时，欠佳。在活动开始后，才选定最终的活动地点，不免浪费了一定的时间，使活动显得不够紧凑。

所以在下次活动中，这点十分值得注意。

“泡泡堂”生涯探索小组总体评估

1. 组员对本次活动的评估

第四次活动结束后，工作人员让组员们填写了“‘泡泡堂’生涯探索小组辅导后期评估表”，其中 1 题～4 题是量化评分题（评分标准是“非常符合”打 5 分，“比较符合”打 4 分，“一般”打 3 分，“不太符合”打 2 分，“极不符合”打 1 分）；而 5 题～7 题是开放性问题。结果如下：

（1）量化评分题统计（平均得分）

1）你对整个小组的印象满意。 4.80 分

2）你对小组组织者的印象满意。 4.70 分

3）小组的氛围：

※ 对于在小组中的信任度满意。 4.70 分

※ 对于其他组员彼此的尊重程度满意。 4.60 分

※ 对于在这个小组中进行分享的程度满意。 4.70 分

4）个人成长：

※ 能够进一步了解自我兴趣。 4.70 分

※ 能够进一步了解自我特质（特点）。 4.80 分

※ 能够初步规划未来职业。 4.80 分

※ 能够尝试规划人生。 4.80 分

由上述统计结果显示：组员对小组的整体印象、组织者的印象、小组的氛围都有比较高的评价，但相对而言，个别组员对小组间的尊重程度方面的评价稍低，可能与他参加时间比较短有关。在个人成长方面，组员对于个人的特质、职业规划和个人人生的规划都有了进一步的认识，但个别组员由于第二次活动未能参加，导致了解自我兴趣评价稍低。

（2）开放式问题

5）对我们的小组，你喜欢的是什么？

※ 我是你的天使，因为很温馨、很融洽。

※ 我很喜欢解人绳，因为它能锻炼小组的协作精神；也喜欢生涯幻游，可以了解未来人生。

※ 大家相处得很快乐！

※ 喜欢能认识那么多朋友的感觉。

※ 喜欢轻松的玩笑。

※ 喜欢彼此尊重、温馨的气氛。

※ 老师待人很好。

※ 人和人相处很开心。

※ 一次比一次好，大家都尽力了。

6）你觉得我们小组还有什么地方需要改善？

※ 都很好，没有什么要改的。

※ 很好啊！很开心。

※ 希望能有新颖点的地点供我们活动。

※ 相处的时间还不够多。

7）你还想对小组的组织者说些什么？

※ 我很喜欢这个小组，希望下次还有机会再参加！

※ 谢谢你们！让我们过得很开心。

※ 一切随缘。

※ 祝福你们事业有成，幸福快乐！

※ 天天快乐开心！身体健康。

※ 你们都很棒，我认识你们很开心，收获很多。

2. 工作人员对本次活动的评估

（1）目标达成：

※ 几乎所有的组员都能够在信任、坦诚、尊重的气氛中建立与他人的友谊，并与他人分享自身对生涯的看法以及个人的人生经历。

※ 能够进一步了解自我兴趣和自我特质。由于有些组员在第二次、第三次活动时才加入我们的小组，虽然活动后工作人员将缺席的活动内容向他们补述，但还是对总体评估中“能够进一步了解自我兴趣”的评价产生了一定影响。

※ 组员能够对个人职业取向进行初步规划。活动设计中，在第二次活动探索自我的环节后加入了与个人职业取向的联系，在第三次“生涯拍卖会”的环节帮助组员树立起正确的职业价值观，组员们都十分投入地完成实践练习，并有了很大的收获。

※ 对人生的规划未能详细涉及。在最后一次活动的“生涯幻游”环节中，由于活动场地在室外，环境比较嘈杂，部分组员反映没有进入幻游状态；但在后来的分享中，组员们简要涉及了人生规划。

（2）工作人员工作技巧达成：

- 活动设计

在最初的计划中，“生涯探索小组辅导”将在四周内分六次活动完成（第一次建立小组关系，第二次自我兴趣探索，第三次自我特质探索，第四次了解职业世界，第五次职业规划和生涯规划，第六次小组终结）。但随着实习的深入，对辖区内社区青少年情况作了进一步了解后，根据他们的特点，活动被调整为四次（第一次建立小组关系，第二次自我兴趣、自我特质探索，第三次了解职业世界，第四次生涯规划与小组终结）。

在活动设计上，以多元化的形式及组员参与为主的原则，设计了组员间互动的游戏、集体分享、领导者的理论讲解、组员心理量表自测等，深受组员们的欢迎。

● 组员招募

组员招募环节主要由枫林街道青少年事务社会工作者王耀英、张征负责。活动招募采用了多种手段：首先，印制了30份宣传单和活动简介，分发到案主家中；其次，动员居委会青少年干事协助社工宣传生涯探索活动；再次，采用社会学中“滚雪球”的方式，通过已经建立专业关系的社区青少年介绍新组员加入小组。

● 场地安排

第一、第二次活动安排在东安二村第二居委会的老年活动中心，光照充足，场地略显空旷，虽有一台立式空调，但组员们普遍反映室内过于闷热。此后的两次活动地点移至东安公园，小组气氛显然活跃了很多，但由于室外环境嘈杂，影响了部分活动的开展（如“生涯幻游”）。

● 人力资源协调

四次活动都由上海师范大学01级社会工作专业的两位实习生领导，枫林街道青少年事务社会工作者组织协调。第一、第三次活动由林怡琼主领，胡如意副领；第二次活动由胡如意领导；第四次活动由胡如意主领，林怡琼副领。

● 每次活动时间的控制

第一和第二次活动是放在下午14：00，第三和第四次活动是放在上午9：00，时间一般为2小时左右。

第一、第二次活动中组员们的迟到现象比较严重，活动的开始不得不延迟数十分钟，导致结束时间比较晚。从第三次活动开始，组员都能十分准时地到达。四次活动都比原先计划的活动时间延长了半小时左右，原因可能在于各个环节的过渡耗时比预计长，可见先前的准备工作不够充分，以至于影响了时间控制。

● 小组不同阶段的转变

小组初期，活动中设计了以“小熊情缘”的形式引导组员相互认识并逐步了解，组员们反响热烈。在第二次新组员加入时，又使用“小熊情缘”的变通形式，加强了组员之间的联结。

小组中期，在第二次活动中较多地采用了组员分享的形式，气氛比较沉闷，但穿插了需要小组协作和组员间相互信任的“背靠背，站起来!”的游戏，在很大程度上调节了小组气氛，且增强了小组动力。此次活动中，新加入一位智障组员和一位面部严重烧伤的组员，部分组员有些排斥心理。第三次活动转至室外，活动环节设计采用了小组竞技形式，气氛十分活跃，整个活动的小组动力有明显提高，此后的分享也逐渐往彼此包容与接纳的方向发展。

小组后期，领导者安排了提高团队协作精神和集体解决问题能力的热身游戏“解人绳”，以密切的身体接触来拉近组员间的心理距离，增强了小组凝聚力。并且安排了“我是你的天使”等活动，传递“温暖和关爱”，激发组员的彼此信任、支持和尊重，使小组的温馨氛围达到高潮。本次活动中，组员们已经完全接纳了那位智障的组员，在他发言和演唱歌曲时大家主动地给了他最大的关注。

● 领导者技巧的运用

详细的评估请见每次活动后的“小组工作人员自我评估”。

(3) 跟进需要

小组结束后，针对总体目标的达成情况，有下列题目可以考虑：

※ 对职业世界的认识。

※ 对短期职业方向或继续求学方向的指导。

※ 对生涯规划的指导。

(4) 对今后工作的建议

应该说，这个小组活动基本上达到了预期的目标，但也有很多不足之处，需要在今后的工作中加以注意：

※ 小组稳定性需增强。这从一定程度上影响了小组的效果。第一次活动有 8 名组员，到第二、第三次活动有五六名新组员加入，也有几名组员因故缺席了一些活动，有的组员只参加了一次，可见组员的流动性比较大，缺乏稳定性，这直接影响到小组的成效。这种情况的发生可能与他们的家庭环境、个人性格有关，也与他们对小组的期望有关，更可能是小组活动本身的设计存在缺陷。如何吸引他们的参与，寻找他们的共鸣处，是开展小组工作时需要注意的一大问题。

※ 工作人员领导技巧有待提高。虽然之前领导者有带领小组的经验，但小组活动过程中对某些问题处理不当。例如，面对情绪激动的组员、大嘴巴的组员，以及组员发言时间失控或冷场等情况处理不当，影响了小组的气氛，一定程度上削弱了小组的成效。

六 小组困难与反思、建议

（一）关于小组的困难

1. 活动经费的申请

向枫林街道申请活动经费的过程是在青少年事务社工的带领下完成的，进行得比较顺利，而且在经费的花费方式上也给了我们比较大的自由度。但是，街道提出四次小组活动能由不同的社区青少年参加，这与我们的专业理论相悖。一方面，我们能够理解街道在不熟悉社会工作小组工作方式的情况下希望能有更多的社区青少年受益；另一方面，社会工作专业理论告诉我们，小组工作是一个“两人以上，为了共同目的或相近的兴趣而组成，经过一次或多次的会面，组员之间产生认识、情感和交流，并发展出一系列规范和凝聚力，最终达成集体目标”的过程，这注定了小组工作无法在大范围、人员完全变动的情况下完成。

我们就这个问题与街道进行了沟通，最终结果是他们认可我们的想法——必须有一部分社区青少年作为小组的基础完整地参与四次小组活动，但是他们仍然希望尽可能多地邀请社区里的青少年前来。所以，我们小组的参加对象也不仅仅局限于“失业、失学、失管”的社区青少年，也邀请了一些在校的学生或是已经结案（或正在跟踪期）的青少年加入我们的活动。而且，每次小组活动都有新组员加入的情况对组员之间的磨合以及领导者的带领都带来一定的困难。

2. 组员资料的收集

由于两位小组领导者并不是在职的青少年事务社工，对枫林街道辖区内的社区青少年的情况不甚了解，因此，组员的招募工作主要是由两位社工老师协助完成的。

由于辖区面积广大，加之时间紧迫，我们利用很短的时间快速地对社区青少年进行了一次逐一排摸。虽然运用了电话、宣传单、入户访谈等形式，但与对象之间的交流只是流于形式，无法真正静下心来倾听他们对于小组的需求和期望。以致在正式活动开始时，我们对组员的资料还不是非常了解，也不能肯定他们需要什么，也不知道我们能否提供他们想要的东西。

可以说，小组的招募过程比较仓促，使得活动中的很多细节都不能更好地发挥作用。因此带来的后果是，有些在活动开始前答应我们会参加的青少年在活动开始之后并没有来参加或是自动退出（未事先知会领导者），这在一定程度上对其他组员和领导者产生了一定的影响。

（二）关于小组的反思

1. 不要给组员定标签

在小组活动的后期评估中，我们发现这个小组的成功之一是没有给组员定标签。我们在小组中并没有聚焦这些青少年的问题行为及其原因，而是强调正向思考的功能，并关注他们利用资源和潜力采取行动。

在活动中，我们不强调组员们的缺点和不足，而是尽量地给予他们一个发挥自己能力的舞台，并为他们的点滴进步而欢欣鼓舞。小组中有两位组员曾经是失足青少年，我们并没有因此而隔离他们与其他组员的社会交往。随着小组的发展，他们将自己曾经失足的“秘密”向小组表露，组员们没有拒绝接受他们，反而因为他们的坦诚更加尊重他们。对于轻度智障的青少年，我们没有因为他们反应相对迟缓、理解能力偏低而给他们“特殊待遇”，而是让他们一同参与每个环节。随着小组的深入，智障青少年理解上的困难赢得组员们的帮助和关心，成了小组人际关系的润滑剂。

2. 社区青少年的潜力无穷

在青少年事务社工的工作手册中，将“社区青少年”定义为16岁～25岁的“失业、失学、失管”青少年。而在人们的固有印象中，凡是符合“三失”条件的青少年一定是“坏孩子”。但是在小组的活动过程中，我们发现其实每一位社区青少年都有自己的闪光点，他们也渴望自我实现，只是通常情况下缺少了展现自我的舞台和鼓励他们的观众。

组员小李，他在跳舞方面很有天分。在第三次小组活动中，他为大家表演了拿手的街舞，后来还悄悄地与另两位组员组成一个街舞组合，准备参加社区的青少年才艺比赛。组员阿顺虽然生理上有问题，但是他连续5年坚持去敬老院服务，他的行为和品德让很多人为之感动。组员小黄，从小喜欢做“孩子王”，在小组中也逐渐成为组员们的领军人物，集合、管理、调配工作安排得井井有条。

与之相同的很多事例都证明了社区青少年的可爱之处——他们懂得用法律武器保护自己，他们会用感恩的心去回报社工的帮助。虽然他们现有的生活方式存在一些问题，还需要社工、社会的协助，但是他们也是一群潜力无穷的人，有很多地方需要我们给予肯定。

3. 小组资源的发掘与共享

社会工作的宗旨是“助人自助”，同样，小组社会工作的目的是在组员内部建立起自身的互助网络，达到资源共享和助人自助的目的。在没有开展生涯探索小组的时候，枫林街道青少年事务社工也做着为社区青少年提供就业、培训方面的信息的工作，但在社区青少年之间是缺乏联系和资源共享的。

第二次活动中，组员小朱向大家透露他刚找到一份不错的工作，而且那个公司也急需人手，他承诺其他组员有意向的话可以帮忙介绍。在第三次活动结束后，小朱向几个组员传授了他的面试心得，并陪同他们一同前往公司面试。在第四次活动中，我们获悉有四名组员顺利地通过了面试，进入试用期。

除了共享信息资源之外，随着小组的成长、人际关系的融洽以及小组凝聚力的增强，情感资源也在潜移默化地为组员提供心理支持。在小组内，组员们坦诚地分享了自己过去的经历，得到大家的包容与接纳。在小组之外，原本同在一个社区却互不认识的组员找到了可以交往、倾诉的好朋友。据悉，目前我们小组的两位志同道合的组员正打算合伙创业。

要达到小组资源共享的目的，就要求领导者在组内不断地示范包容与接纳，提供一个宽容舒适的小组环境让组员分享彼此的经验。因为对组员来说，他们的每条经验对其他组员来说都是宝贵的。

4. 应当善于把握细节之处

众所周知，小组活动中有很多细节需要领导者加以关注并做出适当反应。本次小组活动的实践使工作者积累了很多的相关经验。

在礼物的准备上，我们利用不算多的活动经费，专程去城隍庙的小商品市场选购了一些新奇的小礼物，增加了青少年们对小组的好奇心。同样，我们使用气球、彩带精心地布置场地，摆放了可口的小点心，利用形形色色的小道具装点小组的各个环节，让组员感觉自始至终置身于生涯探索的“游戏”中，提高了他们的参与积极性。但是，对组员来说更可贵的是无法用金钱买到的情感。在第四次活动中，我们为组员们准备了印制精美的“生涯探索结业证书”，两位社工老师和两位实习生分别为每位组员写下了真挚的祝愿。

其他细节方面的安排，如让组员表演拿手的舞蹈，让智障的组员为大家演唱新学的歌曲，都使我们的活动增色不少；同时，给组员们适当的时间小憩，让他们在小组之外分享自己感兴趣的话题，有张有弛的活动节奏提高了小组的工作效率，也激发了小组动力。

（三）关于小组的建议

1. 小组目标的选择既要集体化，也要个人化

在设计小组活动之初，我们根据先前的实习经验，对社区青少年的需求进行了一个简单的评估，认为他们目前面临的最大问题在人际交往和生涯发展两方面。在与社工老师商量之后，他们认为街道迫切需要社工解决的是社区青少年的就业问题。换言之，街道对于生涯探索的小组更加愿意提供活动经费，所以我们决定将“生涯探索”进行到底。

我们事先拟订了五条小组集体目标：提高组员对生涯发展重要性的认识；增进组员对自我的认识和了解；通过小组为组员提供情感支

持、信息支持和陪伴支持；协助组员对个人职业和未来人生的规划；增强组员积极主动地接触社会的动机。

但我们在小组正式运行的过程中发现，由于我们的组员有着不同的生活经历，对小组也有了不同的期望。有过工作经历的组员希望提升自己的工作和生活品质；有些没有工作经历的组员希望了解自己适合干什么样的工作；有些不善于人际交往的组员希望获得社交技巧的提升。但在实际操作过程中，小组的主要任务是完成集体目标，没有为每位组员制定与之相匹配的、详细的个人化目标。

以组员小杰为例，她在第三次小组活动时加入小组。社工王老师希望她能在生涯探索的大目标下，人际交往的能力有所提升。我们力图在活动中鼓励小杰发言，但收效并不大。所以，在最后一次评估游戏中，她依然对自己的开放程度给出了较低的评价。

我们认为，如果在活动开始前与各位组员进行一次深入的访谈并制定更为详细的个人化目标，能使小组更切实际地解决组员面临的自身问题。

2. 小组动力的发展宜均衡

小组动力的产生和发展对小组的进程都起了很关键的作用。

在我们的小组活动中，有几名组员性格开朗大方，参与活动非常积极，渐渐地吸引了一些比较有依附性的组员，成为我们小组中一个新的小小组。在小小组的领导者的带领下，他们非常配合地完成小组的目标，在小组之外还建立起自己的社交网络。他们能为小组的聚会放弃处理自己的事情，能相互提供就业信息，还在我们的小组结束后邀请两位社工老师和两位实习生一同加入他们的聚会，使得小组的气氛非常和谐，他们几乎成了小组的主角。

但另一方面，这样一个次小组带来的后果是小组内部的两极分化。他们的开朗热情占据了小组较多的注意力，潜意识中排斥了其他生性内向的组员。所以，相对内向的组员就更加封闭自己，尽量回避与别人交流。

因此，我们认为，在今后的小组活动中，领导者应该采用设限、忽略等领导技巧，适当削弱一些过于强势的次小组在小组中的地位，给予每位组员平等的关注和话语权。

（四）总结

四次活动结束之后，社工、实习生和组员三者之间建立了良好的互动关系。两位组员还特地给枫林街道青少年事务社工点送去了锦旗，以表感谢。

而在这次的“生涯探索小组”活动中，两位实习生收获了很多经验——不仅是从课堂和书本上曾经学过的，还有在现实生活中实实在在感受的。当我们回顾这个活动，发现还有很多环节做得不够好，但经历了整整一个半月的小组筹备和实施，我们从中享受了很多——对社区青少年的了解、对青少年事务社工的崇敬、对社会工作理念的认可、对自身知识系统的提升，等等。

参考文献

王一敏．当代青年的职业选择与指导．上海：上海教育出版社，1998

沈之菲．生涯心理辅导．上海：上海教育出版社，2000

丁少华．小组工作．北京：社会科学文献出版社，2003

范克新，肖萍．小组社会工作．北京：社会科学文献出版社，2001

陈钟林．小组社会工作．中国时代经济出版社，2002

徐西森．小组动力与小组辅导．台北：心理出版社，1997

杨家正等．有倾有讲全接触——亲子沟通平行小组训练手册．香港：香港大学出版社，1999

台湾心理咨商资讯网。

团队信任小组

一 小组背景

小组工作人员共三人，均为中华女子学院社会工作系三年级学生，一边学习小组工作的理论知识，一边实践小组工作实务。由于三名工作人员在学校都加入了不同的学生社团，在社团活动期间三人都不同程度地发现，所在学生社团中存在着组员没有归属感，组员之间的信任度不高，组员与组员、组员与组织者之间的沟通不足等一系列问题。因此，三人决定运用所学习的知识，以学校的一个学生社团的一个部门为个例，对部门所在组员以及部门负责人进行关于信任、合作、沟通的小组活动。

二 理论架构

（一）小组理念

学院内有许多兴趣小组或社团，使得同学们一来到学校就可以选择自己感兴趣的加入。但是在参与这些社团活动的过程中，许多同学都渐渐不太愿意去参加活动了，她们普遍认为自己在社团中没有归属感。而我们了解到，一些社团负责人也表示社团的凝聚力不强，怎么精心安排的活动都调动不起社员们的积极性，大家都兴趣不大，以致一学期下来，社团组员不及刚招新组员的 1/2，许多组员都不知不觉地流失掉了。

还有很奇怪的一点是，许多组员虽然知道自己属于某个社团，但一学期后，一部分组员叫不出其他组员的名字，更别说那些早早就流失的组员了，她们连谁属于这个社团、谁不属于这个社团都不清楚了。只有社团负责人才知道到底哪些人是社团的。

造成社团成员这种状况的原因很多，有管理者的组织能力、活动的趣味性等问题，但我们分析认为，造成团队凝聚力低的最重要的原因是她们的沟通方式为一对多的树形沟通——社团负责人主要针对工作任务而与每个组员进行的双向沟通，而不是多种内容（如情绪、情感方面）互动的轮形沟通，组员之间没有建立很好的联系和信任关系。轮形沟通显然比树形沟通要稳固得多。

我们小组可以提供给社团组员一个平等、轻松的沟通平台，让她们在小组活动中不以负责人为中心活动，可以进行工作以外的讨论和分享，启发她们发现个人在团队中的价值。

换句话说，就是变树形沟通为轮形沟通，变单一沟通内容为多种沟通内容。我们认为：

（1）每一个团队的工作都是由每一个团队组员共同协作完成的。

（2）在团队中有效的沟通方式是高效完成工作任务的重点。

（3）团队合作的基础是组员之间的相互信任与相互支持。

（4）团队中管理者与组员之间的关系也影响整个团队的工作效率。

（二）理论基础

1. 社会学习理论

“社会学习理论”相信人可以通过观察和模仿学习新行为。在小组中，工作人员会较多地使用正面增强和模仿。小组活动时，工作人员要抓住每一个机会，对组员的积极行为和态度给予正面的称赞和评价，使该行为或态度得到满足，加强日后继续出现的可能性。此外，工作人员也要让组员有“换位思考”的意识，如提供沟通的黄金定律——想要怎样被对待，就要怎样对待别人。将倾听、专注等基本的沟通技巧更多地运用在组员的日常生活中。

2. 系统理论

"系统理论"指出，在小组内部，组员之间存在着一个系统，在这个系统中组员之间相互影响、相互作用。小组有以下四个作用：整合、适应、模式维持、目标实现。在小组活动时，工作人员要尽力将组员之间的关系协调好，努力培养组员之间的凝聚力，做好组员之间的权力分配。特别是要注意组员在小组活动中的互动，让组员与组员、组员与工作者之间的关系融洽，在解决问题的时候要考虑到组员之间相互作用的结果，小组是一个整体，每一个组员的决定都会影响到整个小组的活动。工作人员以各种小组活动将组员团结在一起，保证小组实现小组目标。

3. 社会交换理论

"社会交换理论"提出，人与人交往的过程中都不免存在交换利弊等。同样，在小组互动时，每个人都会选择一种能够给自己带来最大报酬和最小惩罚的方式，因为在人类的关系中，一直存在一种交换的关系，人们的付出就是为了某种意义上的得到。所以，工作人员要使每一位组员认识到彼此之间的相互影响，并明确自己用什么样的方式来提高组员的积极性。

三 小组设计的过程

（一）服务对象的界定：中华女子学院社团组员

最后，我们找到了学院晨曦女性学工作室，工作室实践部的组员表示愿意参加我们的小组。

（二）组员选择的标准

（1）学院晨曦女性学工作室实践部组员。

（2）大一、大二的学生（部长除外）。

(3) 能够保证活动时间的组员。

(4) 组员自愿参加。

(三) 小组目标

(1) 帮助组员之间相互认识，建立彼此之间的信任。

(2) 帮助组员了解相互沟通与协作的重要性。

(3) 帮助组员提高团队合作精神。

(四) 招募情况

实践部一共有16名组员，我们根据和她们每个人的访谈以及我们的甄选标准，最后有11名组员有时间并愿意参加，她们有与我们小组目标相近的希望。

(五) 小组设计

(1) 性质：沟通—信任小组

(2) 次数：六次

(3) 日期：2004年10月30日至11月28日

(4) 时间：每周六下午6：00至8：00

(5) 地点：主楼203教室

(6) 人数：13人（包括工作者）

(六) 小组计划书

相见欢

活动目的：

※ 明确小组活动的意义。

※ 彼此熟悉、建立信任。

活动地点、日期及活动时间：

203室、10月25日、上午8：00至9：35

活动时间	目标	内容	所需物资	意义
5 分钟	创造安全舒适的活动环境。	摆桌椅、选座位、与组员简单认识。	录音机播放轻松的音乐。	工作人员与组员共同布置活动场地，打破生疏感，初步观察组员的特点。
5 分钟	组员与工作人员及辅导员初步认识。	工作人员及辅导员做自我介绍（包括姓名及在小组中的角色等）。		再次说明小组的特点、目标和意义；使组员对工作人员和辅导员产生信任感。
50 分钟	让组员之间有进一步的认识。目标为一次就能使他人记住自己。	组员利用事前准备好的代表物，做一个约 5 分钟的自我介绍。	组员事先准备好的能代表自己个性或特殊意义的物品。	这是组员在小组里的第一次才艺展示，能力、个性特征尽在眼前。
5 分钟	检验效果。	游戏 1：绕口令。		将枯燥的姓名记忆寓于游戏之中，活跃气氛，突出小组“轻松”的特点。
20 分钟	用平面信息强化记忆，挖掘组员的特长。	组员用自选的彩纸和彩笔，通过绘画、文字等形式展示自己(风云榜)。	彩纸若干、彩笔一盒、胶带一卷、海报纸两张。	信息可视化。
5 分钟	调查组员对小组安排和工作人员及辅导员的满意度。	跟踪测评。	人手一份测评文卷（附录 1）。	根据需求及时调整和改进活动的安排及内容的设置。
5 分钟		小节、致谢，重申小组纪律，布置作业（选一首组员都喜欢的歌作为组歌）。		使小组活动完整、有始有终；留时间给组员提问和发表意见。

注：

游戏1：绕口令

规则：

X站起来，原地踏步，踩着节拍，对Y说："Y的饼干藏在饼干盒里。"Y立刻站起来，踩着同样的节拍，回答："不是我。"

X说："就是你！"

Y说："不可能！"

X问："那是谁？"

Y立即回答："Z的饼干藏在饼干盒里。"

……依此类推，不但陌生组员的名字被记住了，还使小组进入了一个既紧张又轻松的欢乐状态。

活动中可能出现的问题及解决办法：

组员拘谨、不想说话；对工作人员有抵触心理。工作人员要善于察言观色，灵活地采用游戏来缓解紧张的气氛。

风采秀

活动目的：

※ 展现组员多才多艺、不为人知的一面。

※ 为组员创造一个平台，在小组中能够得到大家的认可并且自我实现。

地点、日期及活动时间：

203室、11月1日、上午8：00至10：00

活动时间	目标	内容	所需物资	意义
5 分钟	鼓舞士气、拉近距离、增加趣味性。	学唱组歌，穿插简单的动作。	录音机、磁带、歌词。	组员有共同的熟悉并喜爱的歌，增进归属感。
50 分钟	发掘组员不为人知的一面（对另一些组员来说则可能是展现自己的专长）。	每位组员有 3 到 5 分钟的时间进行才艺表演（内容形式不限），其他组员记录感受。可以用游戏 1 选出第一个表演的组员。	组员根据需要自己准备。	人的多面性往往使我们对他人的了解过于片面和肤浅，这给组员展示的平台或帮助组员开发自己的潜能，这也是小组的一个重要任务。
55 分钟	增进了解、加深组员间的感情、建立平等开放的沟通模式。	将所有的文字感受收集起来，逐条读出，组员可相应地做出反馈。	背景音乐为小组的歌。	同一个人在不同的情况下会给别人留下不同的感受，多侧面的展示、面对面的沟通，有利于消除误解、增进了解。
5 分钟		小节、致谢、唱小组的歌，如果有组员缺席，商定惩罚办法。		使小组活动完整、有始有终；留时间给组员提问和发表意见。
5 分钟	调查组员对小组安排和工作人员及辅导员的满意度。	跟踪测评。	人手一份测评文卷（附录 1）。	根据需求及时调整和改进活动的安排及内容的设置。

可能出现的问题：

组员可能因担心没有充分的准备或者担心不能有令人满意的表演，而不愿意做第一个表演的人。工作人员要鼓励组员并采用机动的方式，如游戏，来调动组员的积极性。

欢乐谷

活动目的：

※ 寓理念于游戏之中。

※ 减轻组员的压力。

地点、日期及活动时间：

203 室、11 月 6 日、上午 8：00 至 9：20

活动时间	目标	内容	所需物资	意义
5 分钟	鼓舞士气、拉近距离。	学唱组歌。	录音机、磁带、歌词。	组员有共同的熟悉并喜爱的歌，增进归属感。
15 分钟	锻炼组员的应急能力和创造精神。	游戏 2：盲人合作（6 人）。其他组员作为观察者，游戏结束后记录感受。	长围巾 6 条、20 米的长绳 2 条、空旷无障碍场地、纸、笔。	在恶劣的条件下（组长不参加、蒙着眼睛）发挥集体合作的能量、发掘个人创造的潜力。
10 分钟	考察组员对信息的判断能力，以及对小组权威的信任程度。	游戏 3：木头人；游戏结束后记录感受。	每人一条长围巾、空旷无障碍场地、纸、笔。	在权威的干预下，坚守准则，并且相信自己的判断。
20 分钟	检验前次经验对判断力的影响，建立组员间的信任机制。	游戏 4：自由的木头人；游戏结束后记录感受。	每人一条长围巾、空旷无障碍场地、纸、笔。	全体组员一起合作抗拒外界干扰。
15 分钟	考验组员之间的充分信任，挑战个人的极限，把此次小组活动的气氛推向高潮。	游戏 5：高空坠落；游戏结束后记录感受。	高台（平稳的桌子）、空旷无障碍场地、纸、笔。	在“不确定”的状态下，充分信任其他组员；在其他组员处于“不确定”的危机下时，给予强大的鼓励和支持。
10 分钟		小节、致谢、唱组歌，如果有组员缺席，商定惩罚办法。		使小组活动完整、有始有终，留时间给组员提问和发表意见。

续前表

活动时间	目标	内容	所需物资	意义
5分钟	调查组员对小组安排和工作人员及辅导员的满意度。	跟踪测评。	人手一份测评问卷（附录1）。	根据需求及时调整和改进活动的安排及内容的设置。

注：

游戏2：盲人合作

规则：

6个蒙上眼睛的组员利用手中的绳子，最终使每个人都能站在一个等边六边形的顶角上。

此游戏使组员们面临艰巨的任务，只有通过积极思考和主动参与才能实现目标。完成任务的过程既是发掘个人才智的过程，也是向其他组员充分展示自己的过程。

游戏3：木头人

规则：

所有的组员都蒙上眼睛站在原地，无论什么情况下都不准说话、不准动，坚持10分钟。工作人员为干预者，不定时地以各种理由引诱"木头人"说话或走动，说话或走动的人被淘汰。

在上下层的关系中，下层很少发表意见，或者意见很少被采纳，下层对上层绝对依赖，上层的决策和判断很容易成为整体行动的口令和目标。此游戏正是利用了游戏者这种思维惯性。这既是给大家一个提醒，也是从一个侧面鼓励下层勇于发表意见、敢于维护正义、积极参与决策。

游戏4：自由的木头人

规则：

所有组员都蒙上眼睛站在原地，每个人在说话、睁眼睛、走路之间任选一项。组员通过自己仅有的能力与其他组员发送或接收"10分钟是否到达"的信息。

在有了上次的经验之后，这次无疑是对组员间"信任"的挑战。

游戏5：高空坠落

规则：

每次选一名组员站在桌子上背对地面平躺倒下，其他组员在下面手挽手接住他。

这个游戏被广泛应用于各种考验组员间信任度的活动中。不论是谁，当他站在高处将安危交给他人的时候，都会有各种各样不同的感受。以此作为小组活动的终点，不但可以使组员摆脱之前"郁闷"的情绪，也可以在组员的记忆中留下一个精彩的片断，作为人生的一次勇敢尝试而珍藏。

可能出现的问题：

※ 组员参与游戏之后没有及时得到信息的反馈而感到失落。

※ 由于高空坠落的安全性而影响组员的参与。

工作人员要及时组织信息反馈。

优点大轰炸

活动目的：

※ 组员间彼此欣赏、互相肯定。

※ 拉进心灵的距离，知道自己在他人心中的位置。

地点、日期及活动时间：

203 室、11 月 12 日、上午 8：00 至 9：30

活动时间	目标	内容	所需物资	意义
5 分钟	鼓舞士气、拉近距离、增加趣味性。	学唱组歌，穿插简单的动作。	录音机、磁带、歌词。	组员有共同的熟悉并喜爱的歌，增进归属感。
30 分钟	互相鼓励、积极肯定、正面强化。	大海报纸上写着“X 我很高兴与你成为好朋友、好搭档，因为你……”等；每位组员在即时贴上写下其他组员的优点，并贴在与他们相应的位置；每位组员大声读出纸条上的话语，并真诚地感谢大家。	大海报纸、胶带、即时贴、笔。	自己在小组中已经生活了 3 周，得到组员的肯定的评价会更加珍惜，喜欢在小组里的时光。在小组处于中期、相对较疲惫的状况下，正面的强刺激不但有利于增强组员的信心，还有利于小组的蓬勃发展。
30 分钟	组员要学会表达赞赏、肯定他人、接受自己。	游戏 6：摩登洗车房。		轻松愉快的氛围使平时觉得“肉麻”而难于启齿的赞扬变得自然和真诚。
10 分钟		小节、致谢、唱组歌，通知下一次活动为最后一次室内活动（倒数第二次小组活动）。		使小组活动完整、有始有终；留时间给组员提问和发表意见。

续前表

活动时间	目标	内容	所需物资	意义
5 分钟	调查组员对小组安排和工作人员及辅导员的满意度。	跟踪测评。	人手一份测评文卷（附录 1）。	根据需求及时调整和改进活动的安排及内容的设置。

注：

游戏 6：摩登洗车房

规则：

所有组员排成 AB 两列，让 A1 当作车子从中穿过。途经每一位组员时都要被轻轻拍一下，接受每位组员的赞美，而其他组员不得说出同样的话，直至他走出洗车房。A1 接在 A 列末尾后，B1 进入洗车房……依此类推，每位组员都要被洗一次。

生活中的我们（尤其是中国的女孩子）总是吝啬自己的赞美，总是担心小小的夸奖会使别人误会（“她会不会认为我在故意挖苦她?”）或者显得虚伪（“她会不会觉得我在奉承她?”）而三缄其口，这大大阻碍了我们传情达意。想听到别人真诚的赞扬吗？那就从真诚地赞扬别人开始吧。

可能出现的问题：

※ 组员不愿意认真思考他人的优点，以穿着、长相等肤浅的表面特征敷衍。工作人员要与组员事先有明确的约定。

※ 组员没有得到自己期望的认可。工作人员在组织讨论时要观察组员的情绪变化。

沟通无极限

活动目的：

※ 组员间了解什么样的沟通是有效的，什么样的沟通会有误解。

※ 建立理解和平等的沟通机制。

地点、日期及活动时间：

203 室、11 月 18 日、上午 8：00 至 9：20

活动时间	目标	内容	所需物资	意义
5 分钟	鼓舞士气、拉近距离、增加趣味性。	学唱组歌，穿插简单的动作。	录音机、磁带、歌词。	组员有共同的熟悉并喜爱的歌，增进归属感。
15 分钟	发现信息被多重理解的可能性。通过讨论，获得来自不同组员的灵感。	工作人员写出一句话“我没有说是他偷了我的钱”，大家讨论。	纸和笔。	让组员了解到信息的误解往往是在无意间发生的，所以，无论是发出者还是接受者，都应谨慎。
20 分钟	发现信息往往通过语言这一最直接的方式传播；发现信息背景的不同对于信息的有效传播的影响。	游戏 7：排排坐。	凳子、空旷的场地。	语言对于沟通有重要的意义，但不是唯一的。在沟通时，我们还应该注意到信息背景的一些差异。
10 分钟	讨论沟通的意义。	对今天的两个活动进行讨论。		善于总结是现代人的一个必备素质，培养组员的责任感。
5 分钟	调查组员对小组安排和工作人员及辅导员的满意度。	跟踪测评。	人手一份测评文卷（附录 1）。	根据需求及时调整和改进活动的安排及内容的设置。

注：

游戏 7：排排坐

规则：

将凳子摆成一排，组员站在上面并按身高排队。在不能说话的前提下，组员按出生年、月、日的先后顺序排队。

可能出现的问题：

※ 沟通是一个很普通的概念，组员不认为它很重要而不积极思考。

※ 游戏后的反思不能达到深省的目的。

工作人员要对讨论和分享做充分的调动。

把心留住

活动目的：

※ 小组活动收尾。

※ 组员带着美好的祝福互相告别。

地点、日期及活动时间：

203 室、11 月 24 日、上午 8：00 至 9：05

活动时间	目标	内容	所需物资	意义
5 分钟	鼓舞士气、拉近距离、增加趣味性。	表演组歌。	录音机、磁带。	组员有共同的熟悉并喜爱的歌，增进归属感，依依不舍，共同回忆。
20 分钟	使要求动手能力、强调参与的小组方法和理念贯穿始终。	每人选取喜爱的彩纸，剪裁卡片，写上祝福的话，送给其他组员和自己。	彩纸、彩笔、剪刀。	组员带着希望来，又带着祝福离开，学会感谢，学会分享。

续前表

活动时间	目标	内容	所需物资	意义
30 分钟	使组员明白小组的结束是未来在社团活动中合作的开始，是一个连续的过程。	组员收集送给自己的卡片；说出自己送卡片和收卡片的不同心情；选出自己最喜欢的一张，讲一讲喜欢的原因；说说离开小组后自己的打算。		茫茫人生路，也许我们只有一段路同行，但愿我的祝福永远伴随你左右。
5 分钟	一定要气氛，充满活力、尽兴。	唱组歌。		我挥一挥衣袖，不带走一片云彩。
5 分钟	调查组员对小组安排和工作人员及辅导员的满意度。	跟踪测评。	人手一份测评文卷（见附录）。	与之前的所有测评一起成为宝贵的参考资料。

可能出现的问题：

※ 组员情绪低落。

※ 工作人员不能做一个寓意积极的结尾。

工作人员要注意自己和组员的情绪。

四 小组活动效果及组员的反应

我们采用吴典武的《小组辅导工作》一书中的一份问卷——《小组满意度评估表》（见附录）作为小组每次活动的效果的检测。因为每次填表总是在下一次活动前，所以我们这里只有 5 次统计数据。最后一次是小组寄语，我们摘录一些作为整个小组的组员反应的表现。

第一次	第二次	第三次	第四次	第五次
8.411	8.325	8.524	8.50	8.431

由上面的数据我们不难看出：组员们对每次小组活动的满意度都在8以上，满意度较高。而且，在前两次中，对问卷中最后一道开放题“我认为下次可以改进的是”都有一些回答：

回馈1：游戏更有趣一些，多听取组员的创意。

回馈2：应该拿出一部分时间，由组员来组织一个对大家能力提高有好处的活动，然后工作人员进行点评。

回馈3：每次活动完后，可以进行意见的交流，可以收获更多。

我们针对他们问卷的结果进行了及时的反馈与改进，后来他们与我们比较熟悉后，就直接向我们表达自己的想法，往后的问卷中也没有再出现反馈。

其实，从这两次问卷的文字反馈中，一方面我们明白了他们想要的活动形式，另一方面我们也看到他们很愿意参与这个小组，信任我们，信任大家，希望和小组一起成长。

我们的最后一次活动“把心留住”分享了大家的“心”与希望，我们把分享中对小组的寄语摘写如下：

※ 在小组的几次活动中和大家相处非常愉快，这里我很快乐。大家互相信任，这里是和外面不一样的世界。真的很喜欢小组活动，希望我们的友谊可以在小组之外继续。

※ 把每个黎明看作生命的开始，把每个黄昏看作生命的小结，每个这样短短的生命都能为自己留下一点儿可爱的脚印和心灵的痕迹。感谢这段时光，感谢路上有你们。我现在可以毫不后悔地说：参加这次活动是值得的。

※ 在这里我们投下了热情，收获了友谊；投下了心血，收获了成长。这只是一个起点，我相信是的。我们携手的路还很长，每时每刻都在播撒欢笑和希望。明天会更好！道一声珍重吧！尽管离别的时刻已经来临；道一声珍重吧！张开双臂微笑着说再见；当记忆全部成为碎片，我们依然心手相连！

※ 感谢大家给了我一次完美的情感体验，我会永远铭记在心，并祝小

组的全体组员在今后的日子里开心、快乐、幸福！

上面的这些文字，回忆着我们一起走过的点点滴滴，亲身经历过的我们都非常感动。但是，这些文字中不仅有离情别绪，更有对未来的希望与畅想。这与我们最后活动的目的是较吻合的。

五 小组的测量与评估

（一）测量工具

我们使用问卷作为我们的测量工具。因为我们的测量对象数量较少（11 名），问卷测量可以保证覆盖到全体组员，能够反映出总体的情况。另外，对团队信任度、凝聚力的研究较多，我们有较大的空间找到适合我们使用的问卷。

这次使用的前测和后测的问卷是同一份，来源于台中朝阳科技大学企业管理系李粤强的一篇硕士论文《团队绩效管理对组织信任及组织团队绩效影响之研究》，其信效度已通过检验。

但需要指出的是，此量表是从上级、同事与团队本身三方面测量信任度的，大家会觉得量表是从组员的立场出发制定的。而在我们小组中，确实有一位组员是该部门的上级，这样来看量表就不适用于这个上级了。我们承认，不适用性是肯定存在的，但是我们也要看到，这位上级上面还有领导，也有同级的同事，我们用问卷测量的也只是每位组员参加小组后对上级、同事以及团队的信任度，因此不能把量表中的三个维度局限在本次参加小组的上级、同事与团队中。所以，此量表是较适用于我们这个小组的。

（二）过程和结果评估

问卷发放与回收情况

问卷发放	问卷回收	回收率	有效问卷	有效回收率	无效问卷	无效回收率
11	11	100%	11	100%	0	0%

由于我们的问卷发放包括了所有研究总体，故下面做描述性统计分析，用集中趋势中的均值作为衡量前测与后测特征值。统计结果如下表：

前后测数据对比

题目编号	前测值	后测值	改变值
1	3.6	4.6	1.0
2	4	4.7	0.7
3	3.8	4.5	0.7
4	3.9	4.5	0.6
5	3.5	4.5	1.0
6	3.4	4.3	0.9
7	3.7	4.6	0.9
8	3.5	4.4	0.9
9	3.8	4.4	0.6
10	3.9	4.3	0.4
11	3.7	4.1	0.4
12	3.8	4.6	0.8
13	3.4	4.3	0.9
14	3.5	4.4	0.9

从上表可以看出，小组活动前后组员对其所在部门的上级、同事以及整个部门的信任度都有或大或小的增强。其中第1题（我相信我的上级通常会以诚恳的态度去面对部员所表达的意见）和第5题（不管将来状况如何，我相信我的上级会给我支持与协助）增加相对较大；而第10题（我通常相信同事对我的承诺或保证）和第11题（我相信团队有能力给予部员适当的奖励）则增加相对较小。

另外，前面已经提到，我们采用的“团队信任量表”中一共包括三个维度：对上级、同事和团队的信任。因此，我们有必要就这三个维度比较其前后的改变值。如下表：

不同维度比较

维度	前测均值	后测均值	改变值
对上级的信任（1～5）	3.76	4.56	0.8
对同事的信任（6～10）	3.66	4	0.74
对团队的信任（11～14）	3.6	4.35	0.75

由上表可以看出，三个维度的改变值都在0.5以上，比较能够清楚直接地反映出小组活动后组员们对上级、同事和团队的信任度都有明显的

增强。

从上面对两个表的简单分析，我们可以基本相信：我们的小组活动使得这个部门的团队信任感有所上升，凝聚力有所加强。

六 小组的困难与反思、建议

（一）面对的困难

在小组活动过程中，各种各样的问题不但困扰着工作人员，还会影响到组员情绪进而使整个小组活动的质量受到影响。对于这些问题，应该说，有一些是我们能够预见到的，比如在第一次活动时大家的“默不作声”，在最后一次活动时大家的“依依不舍”；但是总有一些意外的事情是我们的阅历和能力所不能预见的，比如，小组活动内容的设置是否应更多地考虑到如何面对不同个性的组员的需求呢？这使我们在每次活动之后都有很深的触动：如何将小组工作的方式、理念与专业外人士的需要有机结合，并发挥其特长为我所用？这可能还需要一个很长的实践过程。

在与小组成长的这一段时间，我们主要总结出以下几种常见状况及简要对策，这能给以后我们的小组工作提供一些建议和启发：

（1）组员拘谨、不想说话；对工作人员有抵触心理。工作人员要善于察言观色，灵活地采用游戏来缓解紧张的气氛。

（2）组员会担心没有充分的准备或者不能有令人满意的表演，而不愿意做第一个表演的人。工作人员要鼓励组员并采用机动的方式（如游戏）来调动组员的积极性。

（3）组员参与游戏之后没有及时得到信息的反馈而感到失落；由于高空坠落的安全性而影响组员的参与。对这些工作人员要及时地组织信息反馈。

（4）组员不愿意认真思考他人的优点，以穿着、长相等肤浅的表面特征敷衍。工作人员要与组员事先有明确的约定。

（5）组员没有得到自己期望的认可。工作人员在组织讨论时要观察组员的情绪变化。

(6) 沟通是一个很普通的概念，组员不认为它很重要而不积极思考；游戏后的反思不能达到深省的目的。这样，工作人员要对讨论和分享做充分的调动。

(7) 组员情绪低落；工作人员不能做一个寓意积极的结尾。工作人员这时要注意自己和组员的情绪。

(二) 小组活动反思

社会工作的本土化过程是一个寻找出路的过程，更是一个寻找专业在市场层面的切入点的过程。我们选取了一个很有趣的角度来实现这一目标，在实践中，我们看到了优势，也看到了困难与挑战。

第一，小组活动是对人性的一次再思考。不论我们组织什么内容的小组活动，面向的对象一定是人，同质性的小组也好，异质性的小组也好，终究要面对“人性”，这里当然有懒惰、有积极、有躲避、有进攻、有索取、有回报……我们不能要求所有人都全心投入在小组中，我们唯一能做的事情是自己先投入其中，用心经历全程。当面对游离于小组之外的组员的时候，我们可能会倾注更多的注意力在他们身上，尤其是我们的小组活动以培养、训练团队合作精神为目标，就更需要创造更多的机会来帮助组员建立在小组中的归属感，使他们不会因小组的不快经历而影响到将来对他们所在的团队的安全感和信任感。这就需要工作人员的专心、耐心和尊重，一点点的疏忽就可能会给组员带来影响甚至是伤害。而小组活动的过程中，不可能要求每一个组员的情绪都能在每一个阶段被积极地调动，然而，如果真的不能使“掉队者”赶上活动进程的话，我们应该尊重组员的态度和决定，并给予其更多的空间。

第二，小组活动的质量有时是可以从一些很琐碎的细节中反映出来的。比如，迟到、走神、相互推诿、马虎凑合……每当面对这些问题的时候，我们总是在反思：是不是我们哪里没有做好，使组员不能将注意力集中在这里呢？是不是我们还没有将组员心底里的归属感、荣誉感、责任感充分调动呢？是不是我们应该挑战这些人和事，而不是逃避呢？在小组活动中，我们设计了很多参与性较强的游戏、绘画、表演等节目，在热闹的时候，笑声叫声不断；在坐下来谈感受、说想法的时候，滔滔不绝的人很少。这可能与组员的个人经历、受教育的背景有关。在社会工作的专业学习、训练中，我们会被要求观察、反思、表达和交流，我们习惯并擅长于此，就容易忽略了在生活中其实大部分人在公共场合较多采用的是内敛的、自我保护的交往模式。可以说，这是文化的碰撞，是专业文化与现实人际交往规则的碰撞，如果不能帮助组员适应这种新的环境，就无法解决出现在组员中的上述问题。试想，如果是我们在一个新文化下找不到我们自己，我们又怎么可能接受它、认可它、融入它呢？

第三，工作人员的个人素质需要不断提高。与组员相比，工作人员占有更多的资源和主动权。小组活动的方方面面都在工作人员的掌握之中。不论出于对权威的尊重，还是对团队外的“陌生人”的兴趣，工作人员都在被比较、被捉摸的位置上，他们的观点、反应、态度、状态都可能会成为焦点（众矢之的）。因此，在小组中，不论是表达自己，还是评论他人，工作人员都应该慎之又慎。

我们全心投入、认真努力、积极思索、勇于实践，与小组共同成长！

参考文献

刘梦主编．小组工作．北京：高等教育出版社，2003

刘梦，陈丽云主编．小组工作手册．北京：中国人民大学出版社，2004

吴典武．小组辅导工作．台北：心理出版社，1997

李粤强．团队绩效管理对组织信任及组织团队绩效影响之研究．2003

附录

小组计划书

各次活动具体安排：略

小组满意度评估表

04 年 11 月　日

第　次活动

亲爱的同学：

今天的活动又接近尾声了，你是不是觉得意犹未尽呢？我们很想了解你对今天小组活动的一些感受和意见，好作为我们下次活动的参考。下面有些表达想法或感受程度的叙述，请在符合的数字上打“√”。谢谢！

	极不符合									极符合
1. 我能在这次活动中向别人表达自己的看法。	1	2	3	4	5	6	7	8	9	10
2. 我喜欢这次小组活动。	1	2	3	4	5	6	7	8	9	10
3. 参加小组使我对自己越来越有信心。	1	2	3	4	5	6	7	8	9	10
4. 这次小组活动中我乐意与其他人分享我的经验。	1	2	3	4	5	6	7	8	9	10
5. 我觉得这次小组经验很有意义。	1	2	3	4	5	6	7	8	9	10
6. 我觉得这次聚会大家既信任又坦诚。	1	2	3	4	5	6	7	8	9	10
7. 我喜欢工作者的带领方式。	1	2	3	4	5	6	7	8	9	10

8. 我认为下次可以改进的是：

请签名：

团队信任量表

亲爱的同学：

以下是有关团队信任的问题，信任对象包括上级、同事与团队本身。请您在阅读每一句话后，按照自己的实际情况，在(　　)内填上数字。

非常不同意　　　　非常同意

1　2　3　4　5

1. 我相信我的上级通常会以诚恳的态度去面对部员所表达的意见。(　　)

2. 我相信我的上级有能力胜任他的职务。(　　)

3. 我认为我的上级对我说的话是诚实可信的。(　　)

4. 我相信我的上级会以很公平的方式来对待我。(　　)

5. 不管将来状况如何，我相信我的上级会给我支持与协助。(　　)

6. 我对同事们的工作能力有充分的信心。(　　)

7. 我大部分的同事在工作上都是言行如一、言出必行的。(　　)

8. 在工作中遇到困难时，我相信我能得到同事的相助。(　　)

9. 当我在工作中忙不过来时，我相信同事会帮我忙。(　　)

10. 我通常相信同事对我的承诺或保证。(　　)

11. 我相信团队有能力给予部员适当的奖励。(　　)

12. 虽然将来的状况不能确定，我相信团队不会做出伤害部员的事。(　　)

13. 据我所知，大部分同事都觉得团队值得信赖。(　　)

14. 我相信团队能坚持并贯彻管理政策。(　　)

请签名：

中学生成长小组

一 小组背景

在北京市中小学校越来越重视学生心理健康教育的背景下，崇文区××学校心理咨询室于2002年成立，成立后得到了北京市团委和崇文区心理健康教育中心的支持，并联合北京师范大学、中华女子学院等高校建立实习基地，吸收高年级学生担任咨询室工作人员，负责信箱、小报、成长小组、个案咨询等工作，本次成长小组就是工作人员在学校心理咨询室服务期间开展的活动之一。

二 理论架构

初中阶段是人的一生发展中最为波动的阶段，此时个体在生理上各方面都迅速发展并逐渐达到成熟，而心理的各方面相对于生理发育来说则显得相对落后，因此容易造成初中生心理发展的一系列危机（孟育群，1998）。而此时，初中生在人际关系方面最容易出现的则是亲子关系的紧张甚至冲突（方晓义，2003），初中二年级的亲子冲突则处于顶峰（方晓义、张锦涛，2003）。

国内外关于青少年亲子冲突的研究很多，但大部分集中在对亲子冲突的特点、发展趋势及其影响因素的描述方面，对于亲子冲突的解决办法也只是着重从父母方面提出理论性建议，对于初中生的生理、心理发展特点的描述也很多，但很少有工作者对处于亲子冲突中的青少年的行为改变或心理成长做出探讨。

工作人员认为，长期的矛盾和冲突会使初中生产生心理、情绪方面的困扰，影响其正常的学习和生活，而小组工作是一种比较好的工作方法，可以通过团体的力量达到个人的改变，其基本信念在于：相信个人在成长中出现困难必然与遇到的问题有直接关系，相信个人有发展的潜能，接纳个体的独特性，这便于组员在不自觉中得到帮助而解决问题，而加入该小组也有避免贴标签的危险，而小组对组员的接纳、爱护使他们对小组有归属感，易于宣泄情绪、表达自我，组员透过互动可以相互学习和相互借鉴，学习新的经验和行为模式，发掘潜能，获得自我成长（吴梦珍，1992）。

所以，工作人员在初二年级学生中引进小组工作，希望通过小组活动，发挥小组的接纳、支持和促进作用，目的在于促使青少年以积极的心态面对与父母的矛盾冲突，减少冲动性对抗行为，学习自我表达和处理矛盾冲突的方法和技巧，达到观念和行为方面的积极转变，也希望工作人员对此次小组活动的效果评估，提出小组活动开展和评估方面的一些建议，为学校社会工作在初中生小组方面的介入提供借鉴。

三 小组设计的过程

（一）服务对象的界定

工作人员在学校担任心理咨询员期间，在信件咨询过程中发现有不少同学因为亲子关系矛盾冲突存在困扰，进行文献检索后发现，初二年级的学生最容易与父母发生矛盾冲突，通过亲子关系问卷，我们对初二年级 6 个班的学生进行调查，发现学生与父母矛盾冲突的情况普遍存在，于是拟定成立一个以亲子关系为主题的小组，从问卷调查中挑出潜在组员 20 人，通过组前访谈进一步了解同学情况和参组意愿后，从中选出 8 个同学组成小组。

（二）组员选择的标准

通过组前问卷调查和访谈，了解组员亲子关系方面的情况、组员的参组动机、改变意愿和个人目标。问卷调查重在了解组员是否对亲子矛盾冲突持有消极的观点和看法、组员面对与父母的冲突时是否采用冲动性和消极对抗行为、组员在解决冲突方面是否采取消极策略等，了解组员在观念、情绪、行为及策略方面的情况，组前访谈主要了解组员是否具有改变亲子冲突状况的意愿，参加小组的个人目标如何，结合问卷调查和访谈，选择初二年级学生中亲子冲突状况明显、有改变意愿、自愿参加小组的组员。

（三）小组目标

在此次小组活动中，工作人员希望充分发挥小组的凝聚力，为组员提供一个温暖、安全和信任的环境，进行情绪宣泄，缓解由亲子矛盾冲突带来的紧张和压力，调适心情，同时发挥同辈群体的作用，学习沟通及处理矛盾冲突的方法和技巧，获得个人成长与进步，具体目标有：

（1）营造安全信任的小组环境，使组员可以在小组中宣泄自己的情绪，自由发表意见，而不必担心受到批评、指责，获得小组的温暖和支持。

（2）在小组活动开展的过程中，通过组员的互动来分享经验，促进观念方面的转变，进行自我反思，发掘自我潜能，学习新的处理问题的方式。

（3）引导组员进行情感宣泄，帮助组员调整心态，正视与父母的矛盾和冲突。

（4）增进组员对父母的了解和理解，引导他们学习站在父母的角度来考虑问题。

（5）引导组员控制自己的情绪，学习自我表达和与父母沟通的技巧，增强表达和沟通能力，获得情感、态度及行为方面的成长和发展。

（四）招募情况

通过亲子关系问卷对初二年级 6 个班的学生进行调查后，根据问卷回答情况挑出潜在组员 20 人，通过组前访谈了解同学情况和参组意愿后，挑出 8 个同学组成小组，这 8 名同学均反映亲子矛盾冲突频繁对自己压力较大，希望有所改变。

小组中有 6 个女生，2 个男生，均为初中二年级学生，年龄在 13 岁～14 岁，组员的同质性较高，有 7 个组员反映与父母双方或一方经常发生矛盾冲突，对此存在困扰和压力，希望改变这种状况，1 名组员反映其与父母相处得比较好。

（五）小组设计

在小组活动的具体设计上，小组前期在于订立小组规则，营造安全信任的小组氛围，以及引导组员宣泄情绪，以积极的心态面对与父母的矛盾冲突，中期在于引导组员学习站在父母的角度考虑，理解父母，同时学习沟通及处理冲突的方法和技巧，后期在于让组员把在小组中学习到的新方法运用于实践，为缓和矛盾、改善亲子关系努力。

（六）小组计划书

1. 小组工作的含义

小组工作是一种社会工作方法，由知识、原则和技巧组成，通过个人参加小组，引导组员互动，彼此建立关系，并以个人能力和需求为基础，获得成长的经验，实现个人和小组的目标。对于青少年来说，小组为他们提供成长和发展的机会。

2. 小组的性质和目标

此次小组是成长小组，目的是帮助组员正确看待青春期与父母的矛盾和冲突，进行情感宣泄，平和心态，学会处理矛盾，学会与父母沟通的技巧和方法。

3. 小组目标

※ 营造安全信任的小组环境，使组员可以在小组中宣泄自己的情绪，自由发表意见，而不必担心受到批评、指责，获得小组的温暖和支持。

※ 在小组活动开展的过程中，通过组员的互动来分享经验，促进观念方面的转变，进行自我反思，发掘自我潜能，学习新的处理问题的方式。

※ 引导组员进行情感宣泄，帮助组员调整心态，正视与父母的矛盾和冲突。

※ 增进组员对父母的了解和理解，引导他们学习站在父母的角度来考虑问题。

※ 引导组员控制自己的情绪，学习自我表达和与父母沟通的技巧，增强表达和沟通能力，获得情感、态度及行为方面的成长和发展。

4. 小组的规模和活动时间

※ 面对初二年级学生，开一个小组，需要组员 8 人～10 人。

※ 时间：2004 年 3 月 11 日至 4 月 8 日，每周一 16：00 至17：00

5. 小组应遵守的原则

※ 与组员建立的是专业关系，组长在组内是领导者，在小组外是心理咨询室的老师。

※ 不定期和老师交流经验。

※ 活动经费，我们自己负责（协议书、彩笔、纸巾等），但请老师提供纸张、活动室及做联络工作。

6. 组前访谈内容

※ 在家里你和父母相处得怎样？

※ 你和父母经常发生矛盾、摩擦，甚至冲突吗？

※ 平时都因为什么事情与父母产生矛盾、摩擦，甚至冲突？

※ 每次和父母发生矛盾时，你会怎样处理？

※ 结果怎样？

※ 和父母发生矛盾和冲突时，你的感觉怎样？

※ 在小组中你想得到什么？

7. 对组员的要求

※ 积极参加小组的各项活动，不准无故迟到和中途退出，有事有病提前请假。
※ 自我开放，积极聆听，不批评其他组员。
※ 互相尊重接纳，真诚回应别人。
※ 对其他组员的个人隐私保密。
※ 个别组员有要求时，可以进行个人咨询。

小组具体活动

主题	理念	目标	具体内容	实际操作
认识你真好	建立专业关系，营造信任气氛。	缓解组前焦虑，组员之间相互熟悉，营造安全、信任的小组氛围通过协议签订仪式，宣布小组成立，增强小组凝聚力； 了解组员组前状况。	游戏； 组员自我介绍（“我的颜色卡”让组员选择不同的颜色卡，对自己的性格特点等做介绍）； 签订小组协议； 问卷前测； 家庭作业（回忆与父母发生冲突的情形，想想自己最想对父母说的话）。	组长介绍小组情况，组员审议并签订小组协议书； 相互熟悉的游戏（松鼠和大树，抢椅子）； 我的自画像（最能代表自己的图画，写明自己的性格、爱好等），组员轮流做自我介绍； 了解组员感兴趣的话题，对小组的期望，与父母发生矛盾冲突的领域； 家庭作业（最想对父母说的话）。
爸爸妈妈我想对你说	情感宣泄之后才能理性地面对冲突和矛盾，考虑解决的办法。	提供安全的环境，让组员宣泄情绪，平和心态； 通过经验分享和互动，让组员明白这不是他一个人所要面对的问题，促进组员间的信任和情感支持，增强小组凝聚力，讨论解决冲突的方法。	游戏； 分享家庭作业（“空椅子”或其他方法，让组员说出自己最想对父母说的话，疏导情绪）； 根据经验分享，探讨冲突的种类、发生的原因、冲突发生时组员的生理心理状况、冲突的结果及解决冲突的方法。	游戏（分组表演猜谜）； “空椅子”（说出自己最想对父母说的话，引导组员进行情感宣泄）； 让组员写出两件平时最容易与父母发生矛盾和冲突的事情，写明当时自己的感受和身体反应，面对与父母矛盾冲突时的举动，常用的事后处理矛盾的方法； 简单总结。

续前表

三题	理念	目标	具体内容	实际操作
代沟啊代沟	父母管孩子是为孩子好也有一定道理的，当然，他们不是任何时候都对，这时要学会拒绝不合理的要求。	引导组员对父母的感恩，减少组员的冲动性对抗行为； 引导组员对父母权威产生一定程度的认同，理解父母作为管理者的角色，在承认父母权威的同时学会拒绝父母的不合理的要求。	游戏； 表格填写（“我的父母”、“家庭事务”、“爱心给家人”），举例说明； 情境表演（有理的父母，无理的父母）。	填写表格“家庭事务”，意在让组员明白父母的不容易，引导组员对父母的感恩；“我的父母”意在通过让组员对比自己填写的和父母填写的不同，引导组员发现自己对父母的了解程度，进行反思； 沙拉聚餐，了解组员平时在家中的劳动情况，进行简单的总结（父母自己也不容易，他们承担的社会角色太多，也很辛苦；父母对子女管理严格的出发点总是为子女好，可能有时方式不适合，也不是什么时候都对）。
屋檐下的风波	在小组中学习新的行为模式，增强处理冲突的能力。	引导组员学会控制自己的情绪，通过经验分享和互相学习，增进处理冲突的技巧； 增强小组的凝聚力。	角色扮演（以某一情境为例，引导组员探讨化解冲突的技巧，学习控制愤怒，准确表达）； 音乐《相亲相爱》； 准备结组。	小组辩论会：根据组员的情况分成两组，一组代表父母，一组代表孩子，选择一两个典型引发矛盾冲突的事件让其进行辩论。重点：学习从父母的角度考虑，组员分享经验，组长引导其学习良好的表达、沟通的技巧以及处理矛盾冲突的方法； 分享感受，总结； 游戏。

续前表

主题	理念	目标	具体内容	实际操作
我爱我家	巩固小组成果	将小组中的经验付诸实践，检验这些方法的实际效果，并从自己做起，为改善亲子关系努力。	游戏； 健康计划表格填写； 小组分享与讨论。	角色扮演（学习自我表达和处理冲突的方法和技巧）； 分享感受； “爱心给家人”行动计划； 准备结组。
欢乐离别会		巩固小组成果，感悟和分享成长，引导组员理解、体谅和包容父母，改进自身行为，为营造和谐融洽的家庭关系努力。	检验小组期望达成情况； 问卷后测； 结束小组的离别情绪； 游戏。	问卷后测； 检验小组期望达成的情况，分享感受，处理离别情绪； 游戏（我的人体画，团结小手印），结束。

四 小组活动效果及组员的反应

（一）组员反应

1. 早期

（1）小组氛围和满意度方面。虽然工作人员在组员招募和挑选过程中对小组活动作了介绍和解释，但组员对于“心理咨询”和“小组活动”的理解还存在很大的偏差，对到心理咨询室参加小组活动仍有很大的顾虑，组员进入到小组这样一个陌生的环境，对小组缺乏安全感，组员彼此之间信任程度也比较低，大多数组员有怀疑、害怕的情绪。

J：特紧张，以为自己有问题，心理咨询听了让人恐怖。

D：心理有疾病似的，跟别人不一样。

Z：最大的害怕就是会不会有人在背后胡诌什么的啊，认为这孩子心理有问题。

H：我最初只是害怕泄漏秘密。

M：谁能保证？

Z：隔墙有耳。

Z：比较紧张，以为是开座谈会的。

（2）亲子关系方面。表中组前通过亲子关系问卷获得的组员的数据，表明组员对亲子冲突持有消极的看法，面对矛盾冲突的情况多采取消极抗拒行为，缺少积极的沟通办法。而组后有了很大改变。

目标行为		组前	组后	变化
观念方面	我觉得与父母发生矛盾冲突是正常的，是难以避免的。	23	23	0
	只要能较好地处理，与父母的冲突不会影响和父母的感情。	22	21	−1
情绪和行为方面	默不作声，心里很不服气、生气。	11	17	+6
	摔门、砸东西。	22	24	+2
	控制怒气，试图沟通。	21	17	−4
解决策略	赌气，不理父母。	15	17	+2
	主动沟通，解决矛盾。	16	21	+5
	向亲友求助。	7	12	+5
	留待以后解决。	18	19	+1

2. 中期

（1）小组氛围和满意度方面。工作人员后来让组员商讨签订了小组协议书，再三强调了保密原则，组员开始消除一些顾虑，随着小组活动的开展和组员之间的逐渐熟悉，和谐信任的小组氛围逐渐形成。

L：你不是让我们读那个（小组协议书）什么了吗？

H：后来就相信了。

L：我们中间不会出问题的。

Z：我们相信你，你不会叛变的。

L：你回忆一下，最初我们是不是都蛮沉默的？慢慢的大家熟了，不是故意的，就说出来了。

S：比较轻松，比较自由，比较和谐。

H：这是一个很和谐的环境。

J：挺活跃的，也不用担心别人怎么说你。

M：觉得挺好玩的，挺有意义的，不浪费时间，有收获。

（2）亲子关系方面。工作人员在小组活动中通过“空椅子”这一环节，让组员说出想对父母说的话，引导组员宣泄情绪；通过“家庭事务”和“我的父母”表格的填写，引导组员对父母的理解和感恩，减少发生矛盾时组员的冲动性对抗行为；通过小组辩论会，让组员学习从父母的角度考虑，学习聆听的技巧；通过角色扮演和小组讨论，让组员学习处理冲突的方法和技巧；通过“爱心给家人”行动，让组员将在小组中学习到的方法运用到家庭生活中，进行实际演练，改善亲子关系。

随着活动的开展，组员在小组讨论、角色扮演过程中，通过反思，在亲子冲突方面逐渐产生变化。

3. 后期

（1）小组氛围和满意度方面——建立了短期同辈群体支持系统并产生了小组依恋。组员们通过参加小组活动走到了一起，在积极交流和互动中从陌生到熟悉，从不了解到成为好朋友，对每一个组员而言，小组都是其短期的一个同辈群体支持系统（有可能继续发展）。

D：小组这些人吧，感觉都挺不错的。

W：大多数都挺友好的。

Z：除了学、吃、玩，最大的收获就是认识了这些朋友。

M：都挺好的，像……（逐一介绍组员），特别是……我挺喜欢她的，以前只是在校友录网站上聊过，现在见到了，感觉挺好的。

S：感觉跟他们关系更好了，因为以前就算认识，关系也没那么贴近，没那么了解，关系没那么好，而且还认识了以前不认识的人，都能互相了解，比以前更深入了，关系更好了。

而且在活动过程中，组员对小组也有了强烈的归属感，在小组活动结束后对小组仍怀有很强的依恋之情。

J：有没有觉得我们小组特温暖？

L：得到了自我倾诉，和大家说一说就是一种倾诉嘛！

D：写日记也可以啊！（笑）

L：那不一样，感觉不一样。

W：以后有什么小组活动我还参加。

Z：以后肯定不行了，我们初三了就不行了。

M：太少了吧，刚开始我以为是一学期呢！这个活动次数太少了。

（2）亲子关系方面的收获。在安全、信任的小组氛围中，大家讨论共同的话题，通过自我袒露来宣泄情绪，发表意见，获得温暖与支持，同时，也在讨论、角色扮演等活动中与其他人积极互动，交流沟通，学习新的看问题的视角和处理与父母矛盾冲突的方法和技巧，并将其付诸实践，取得了一些积极的效果。

D：感觉最好的是辩论那一次。

S：像上次我们讨论打电话什么的，分两拨，我觉得那样说挺好的，因为有时候自己想不到的，别人能站在更宽的角度来理解，站在父母的角度想。

M：关于父母的也知道了好多，比如，他们说你的时候也知道怎么和他们相处。

W：以前就是和家长发生矛盾不知道怎么解决，现在好点了。

Z：比方说，我妈要是出现什么问题，至少知道怎么应对了，原来特容易就和我妈吵起来，后来慢慢不说话了，现在感觉换一个招没准更好。比方说，有同学认为要完全沉默，有同学认为要完全吵，一合起来呢，就是该吵的时候吵，差不多的时候就尽量沉默。我感觉这对我妈来说特别管用，以前和我妈经常闹矛盾，现在好多了。

S：上次××站在孩子的那个角度反驳的那个，觉得她说得有道理。以前我爸我妈说我的时候我都哑口无言了，后来我听她那么说，跟我爸说了，我爸也没话说了。他不说什么了，不一样了，有效果了，我爸不像以前那么管我、说我了，正当地打电话他也不来干涉了。

小S学会了站在父母的角度考虑，并积极将小组中其他人的经验运用到处理与父母的矛盾冲突中，取得了不错的效果，小Z也开始学着选择较好的时间和母亲交流。

五 小组的测量与评估

（一）测量工具

（1）亲子关系问卷（自编问卷，使用前在学校初中二年级学生中进行普测，从中随机抽取了100份问卷进行信度检验，发现其信度系数为0.6）。

（2）小组满意度评量表（现成量表）。

（3）小组气氛评量表（现成量表）。

（4）组前、组中、组后访谈。

（二）结果评估

在此次小组活动中，笔者选择AB设计，对小组活动进行效果评估，通过组前访谈和问卷调查，获得组员的基线资料，采用观察和访谈相结合的方式，通过观察记录、问卷、量表和访谈记录等，获得有关小组活动的资料，通过前后对比来评估小组的效果。

工作人员选用小组满意度评量表来考察组员对于小组整体活动的满意程度，以下是组员在第三次小组活动和小组结束时的小组满意度折线图，其中系列1是第三次小组活动时组员的平均分，系列2是活动结束时组员的平均分。

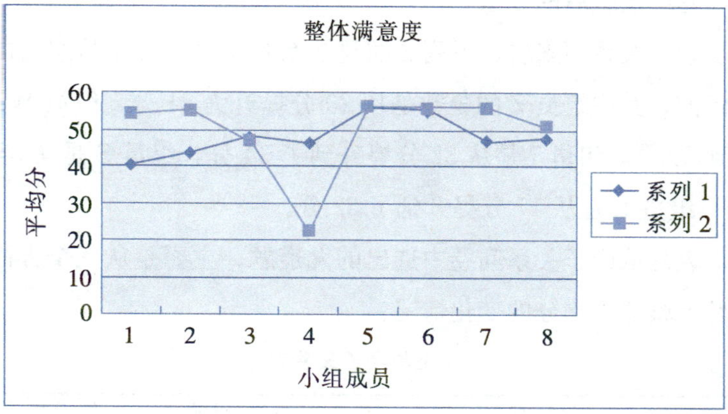

组员的整体满意度

如上图所示，系列 2 折线大部分在系列 1 折线之上，分数的变化也是比较明显的，其中组员 Z 从 40.5 分提升到了 54.5 分，组员 W 从 43.5 分提升到了 55.5 分，组员 L 从 55.5 分提升到了 56 分，组员 D 从 47 分提升到了 56 分，这表明组员对于整个小组活动的满意程度较好，认为小组是一个安全和可信任的环境，愿意参加小组活动并从中受益。

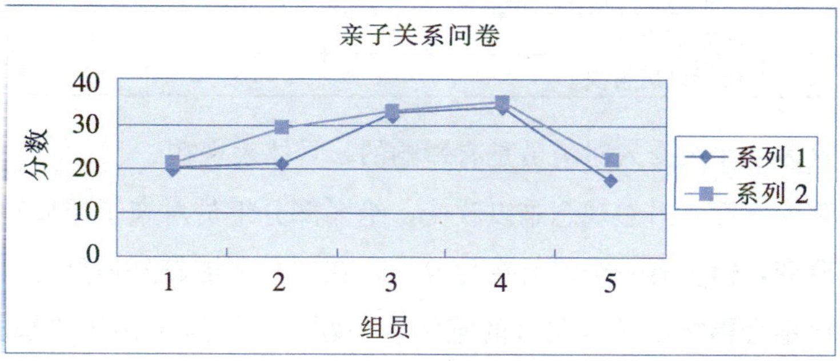

亲子关系

工作人员采用亲子关系问卷，在组前和组后对组员进行调查，问卷主要从观念、冲突时的情绪和行为表现、冲突的解决措施三个方面来考察组员亲子矛盾冲突的情况，希望通过前后变化来了解小组介入的效果。上图是从问卷中摘出的 7 道题形成的组员组前组后折线图，其中，系列 1 是组前情况，系列 2 是组后情况，横轴是小组的五个组员，纵轴是各组员亲子关系问卷组前组后的分值。

从亲子关系图来看，系列 2 明显在系列 1 之上，组员组后的分值普遍高于组前，其中组员 Z 的分数是从 20 分提升为 21 分，组员 W 是从 21 分提升到 29 分，组员 J 是从 32 分提升到了 34 分，组员 S 是从 34 提升到了 35 分，组员 L 是从 17 分提升到了 22 分。

下表是从亲子关系问卷中选出的九道题，主要是从三个方面看小组在每道题上整体平均分的变化情况：

组员亲子关系的改善

目标行为		组前	组后	变化
观念方面	我觉得与父母发生矛盾冲突是正常的，是难以避免的。	23	23	0
	只要能较好地处理，与父母的冲突不会影响和父母的感情。	22	21	−1
情绪和行为方面	默不作声，心里很不服气、生气。	11	17	+6
	摔门、砸东西。	22	24	+2
	控制怒气，试图沟通。	21	17	−4
解决策略	赌气，不理父母。	15	17	+2
	主动沟通，解决矛盾。	16	21	+5
	向亲友求助。	7	12	+5
	留待以后解决。	18	19	+1

这表明小组介入对组员是有影响的，具体表现在：

观念方面，虽然观念难以改变，绝大部分组员对亲子矛盾冲突的看法没有改变，但仍有一个组员变化较大，在“只要能较好地处理，与父母发生冲突不会影响自己与父母的感情”一题中，她的回答从“基本不同意”变为“基本同意”，实现了从消极到积极的转变，这就为其在行为方面的积极变化奠定了基础。

在冲突情绪和行为表现方面，部分组员在组前比较容易采取冲动性、激烈的对抗行为，如摔门、砸东西等，组后其冲动性对抗行为则明显减少，在“与父母发生冲突时，你会控制自己的怒气，试图心平气和地与父母沟通”一题中，组员 W 从“偶尔”变为“总是”，组员 L 从“偶尔”变为“经常”，组员 Z 从“较少”变为“偶尔”。

在解决矛盾冲突的措施方面，组员在组前多表现为与父母赌气，不采取措施，组后则多倾向于主动与父母沟通，向亲友求助，以化解矛盾冲突。在“与父母发身冲突后，你赌气不理父母，不和他们说话，等父母主动和你沟通”一题中，组员 W 从“经常”变为“较少”，在“你会主动与父母沟通，试着缓和气氛，化解矛盾”一题中，他则由“较少”变为“总是”。

六 小组的困难与反思、建议

本次小组活动的主题是亲子关系，在亲子互动模式中父母与孩子的作用是双向的，并且父母处于强势地位，因此，要促进亲子双方处理矛盾冲突的模式走向良性循环，需要双方的共同努力，特别是父母的配合。由于条件的限制，小组活动是面对组员单方面的，虽然评估表明组员在观念和行为方面均向积极方向转变，但在父母不变的情况下，小组的效果难以巩固和持久。

在设计的小组效果评估中，为保证资料的客观和可靠性，在资料收集的过程中，需要采用三角测量的方式，需要有一个以上的人进行测量（刘梦，2003）。在此次小组活动中，笔者既是小组的主持者又是评估者，资料的收集没有借助第三人进行，组员的回报、迎合心理可能会导致资料在一定程度上不够客观。

经历了小组的策划、进行和评估全过程后，工作人员对社会工作介入提出如下具体建议，希望为学校社会工作的开展提供借鉴和帮助。

1. 小组整体目标和组员个人目标的统一

工作人员在拟定小组计划前对于组员的要求和个人目标要有清楚的了解和把握，其确立的小组整体目标和组员个人目标要在一定程度上达到统一，这样才能在帮助组员实现个人目标的过程中推动小组前进，实现小组目标。小组的具体活动也不是一成不变的，可以随着小组的发展情况和组员的需求进行适当调整。

2. 组员招募和挑选

发展性小组工作模式最好选择自愿参加小组、改变动机比较强、愿意对小组投入和贡献的组员，如果太多组员非自愿参加，对小组的活动不积极投入，则会影响小组的顺利进行和小组目标的实现。

3. 资料收集与评估

工作人员对资料收集要有整体的把握，组前注意将目标行为具体化，作为基线数据，组中要注意小组发展动态及组员反应，组后注意目标达成情况和组员感受，也要注意根据组员情况采用多种方法收集资料，如问卷、量表、观察纪律、访谈等，力求资料完整齐全。

参考文献

丁少华．小组工作．北京：社会科学文献出版社，2003

方晓义，张锦涛，刘钊．青少年期亲子冲突的特点．心理发展与教育，2003，3：46～51

芭芭拉· 纽曼．发展心理学．台北：扬智文化事业股份有限公司，1998

黄德祥．青少年发展与辅导．台北：五南图书出版公司，1998

黄丽华．团体社会工作．上海：华东理工大学出版社，2003

刘梦．小组工作．北京：高等教育出版社，2003

李晓东，林崇德．初中二年级学生学习困难、人际关系、自我接纳对心理健康的影响．心理发展与教育．2002，2：68

吴梦珍．小组工作．香港：香港社会工作人员协会，1992

吴武典．辅导原理．台北：心理出版社，1990

吴武典．团体辅导手册．台北：心理出版社，1992

沃建中．中学生心理导向．北京：科学出版社，1999

沃建中，林崇德，马红中，李峰．中学生人际关系发展特点研究．心

理学，2002，3：49

周燕．中学心理与行为问题的社会学研究．广东：新世纪出版社，2003

Rose Steven R.. *Group work with children and adolescents*：*Prevention and intervention in school and community systems*. Sage Publications，1998，167～176

附录

亲子关系问卷

一、个人基本资料

1. 你的姓名__________

2. 你的性别 （　　）

A. 男　　B. 女

二、观念方面

3. 我觉得与父母有矛盾冲突是正常的，是难以避免的。 （　　）

A. 非常同意　　B. 基本同意

C. 不清楚　　D. 基本不同意

E. 完全不同意

4. 只要能较好地处理，与父母冲突不会影响自己与父母的感情。 （　　）

A. 非常同意　　B. 基本同意

C. 不清楚　　D. 基本不同意

E. 完全不同意

5. 与父母发生冲突会影响父母对自己的看法。 （　　）

A. 非常同意　　B. 基本同意

C. 不清楚　　D. 基本不同意

E. 完全不同意

6. 与父母发生冲突会影响家庭气氛。 （　　）

A. 非常同意　　B. 基本同意
C. 不清楚　　D. 基本不同意
E. 完全不同意

三、冲突时自己的情绪和行为表现

7. 与父母意见不同时，你会大声争执、坚持自己的看法。（　　）
A. 总是　　B. 经常
C. 偶尔　　D. 较少
E. 从不

8. 与父母发生矛盾时，你默不作声，但心里很不服气，很生气。（　　）
A. 总是　　B. 经常
C. 偶尔　　D. 较少
E. 从不

9. 与父母发生矛盾时，你会摔门、砸东西甚至暂时离开家，表示自己的不满。（　　）
A. 总是　　B. 经常
C. 偶尔　　D. 较少
E. 从不

10. 与父母发生矛盾时，你会控制自己的怒气，试图心平气和地与父母沟通。（　　）
A. 总是　　B. 经常
C. 偶尔　　D. 较少
E. 从不

四、解决冲突的办法

11. 与父母发生冲突后，你赌气不理父母，不和他们说话，等父母主动和你沟通。（　　）
A. 总是　　B. 经常
C. 偶尔　　D. 较少

E. 从不

12. 你会主动和父母沟通，试着缓和气氛，解决矛盾。（　　）

A. 总是　　　　B. 经常

C. 偶尔　　　　D. 较少

E. 从不

13. 你会向其他亲友（如爷爷奶奶、叔叔阿姨、隔壁邻居等）求助，帮助解决矛盾。（　　）

A. 总是　　　　B. 经常

C. 偶尔　　　　D. 较少

E. 从不

14. 与父母发生冲突后，你和父母都不采取任何措施，等待时机，留到以后解决。（　　）

A. 总是　　　　B. 经常

C. 偶尔　　　　D. 较少

E. 从不

小组满意度评量表

说明：请根据你在小组活动中的感受完成下面的评量表，写上相应的数字来表示你对句子中描述的情况的同意程度。

非常不符合　　　　　　　　　　　　非常符合

1　2　3　4　5　6　7　8　9　10

A. 我觉得小组是一个安全和值得信任的环境。（　　）

B. 我觉得大家信任而且坦诚。（　　）

C. 我能在小组活动中自由地表达我的看法和意见，而不必担心其他组员的批评、指责。（　　）

D. 组员都能对其他人表示应有的关注，聆听他人的发言。（　　）

E. 我在小组中学会了如何关注他人，学会了聆听。（　　）

F. 我讲话没人听，而且经常被人打断。（　　）

G. 我不想分享我的感受和经验。（　　）

H. 参加小组让我觉得快乐而轻松。（　　）

I. 参加小组使我对自己越来越有信心。（　　）

J. 在小组中我乐于和其他人分享我的经验。（　　）

K. 我喜欢组长的领导方式。（　　）

L. 我觉得在小组活动中学到东西，觉得小组聚会是有意义的。（　　）

我认为小组中应该改进的地方是：

小组气氛评量表

说明：请回想在小组活动中与其他组员的互动情况，在每一题后面的括号内填上相应的字母。

A. 他们总是这样　　B. 他们经常这样

C. 他们偶尔这样　　D. 他们很少这样

E. 他们不会这样

我觉得小组中的其他组员：

1. 诚实地对待我。（　　）
2. 能掌握到我说话的重点。（　　）
3. 打断或不理会我提出的意见。（　　）
4. 接受我。（　　）
5. 当我干扰他们的时候，他们很自然地让我知道。（　　）
6. 误解我说的话。（　　）
7. 认真聆听我说的话。（　　）
8. 提供一种气氛使我能表现真实的自我。（　　）
9. 有事藏在心里不让我知道。（　　）
10. 能了解我是一个怎么样的人。（　　）
11. 无论什么事都会考虑我一份。（　　）
12. 对我完全坦白。（　　）
13. 能察觉我的困扰。（　　）

14. 不论我的能力和地位如何，都能充分尊重我。 (　　)

15. 如果我表现特异的话，他们会嘲笑我或表示不赞同。 (　　)

访谈提纲

组前：

1. 你和父母经常发生矛盾、摩擦，甚至冲突吗？
2. 平时都因为什么事情与父母产生矛盾、摩擦，甚至冲突？
3. 每次和父母发生矛盾时，你会怎样处理？
4. 结果怎样？
5. 和父母发生矛盾和冲突时，你的感觉怎样？
6. 在小组中你想得到什么？

组中：

1. 最初参加小组的时候你是什么感觉？现在呢？
2. 你比较喜欢小组活动的哪些内容？不喜欢哪些内容？
3. 你觉得小组有哪些需要改进的地方？
4. 请用简短的话来描述你对小组的感受。

组后：

1. 最初参加小组的时候，你的个人目标是什么？
2. 你觉得我们小组的整体目标是什么？
3. 小组活动结束以后你达到自己的个人目标了吗？
4. 在小组中你有什么得到和失去的地方？
5. 小组结束后你回想小组是什么样的感觉呢？
6. 小组结束后，你觉得自己有成长吗？

走近凯勒

一 小组背景

这是由上海师范大学人文与传播学院2003级社会工作专业的学生（胡玮玮，严铮铮，黄燕）构思、策划、组织、评估，张宇莲老师指导的一个具有社工特色的小组活动。本小组工作是以上海师范大学在校视障大学生为组员开展的支持性的小组活动。

二 理论架构

（一）理论列举

这个小组工作的理论基础主要由三方面组成：发展心理学、社会关系和社会结构理论、小组动力学。发展心理学强调个人具有成长的可能性和潜能；社会结构理论重视小组现状，强调小组之间的互动功能；而小组动力学则重视小组组员之间的关系，强调小组内部的机制能够解决组员间的矛盾，帮助组员获得成长。

作为一个支持性小组，工作人员会帮助组员分享生活经验，表达理解与支持，畅谈感受，仔细考虑如何面对问题以及促进自我了解。我们强调以自我的发展与更好地融入生活为核心，包括以下几个基本原则：

第一，作为社会工作者，我们关注的是人的社会功能的提高，这里包括三个层面的内容：恢复社会个人功能、预防个人社会功能的失调、发展个人更加和谐的社会功能。这三个层面的内容都可以在此得到体现。

社会功能性行为实际上是个人的一种自我管理方式，以完成自己的社会任务和应付各种社会关系。这种管理和应付过程，可以通过量表进行衡量，表现为超正常、失常或失调。人们在一生当中完全有能力提高和改变量表中的得分，发挥潜能，达到自我实现。社会功能性行为的最基本的要素就是有效地完成自己的角色，对他人负责，对自己满意。

第二，发展性模式关注的是个人的社会功能性，而非病理因素，重视自我实现，而非治疗过程。它从来不把个人当成问题，而把个人看成一个活生生的人，面临着一些发展中的困难、挑战、危机或压力，他们需要面对这些困难和挑战（Tropp，1976），因此，这个模式强调的是怎样发掘个人的能力，寻求解决问题的方式，而不是关注个人的弱点，结实人们的防御机制。发展模式特别强调人有潜能做到以下几点：自我意识、自我评价和自我实现；意识到他人的价值、评价他人、与他人互动；意识到小组的情景，评估小组的情景，并在小组中采取行动。

（二）增能理论的运用

许多关于残疾人照顾理论的探讨在把服务对象看作是脆弱的一群时，忽视了人是有潜能的、是可以改变的这一社会工作的基本价值观念。增能理论则站在人的发展的立场上，认为通过一定的方法残疾人可以在一定程度上恢复他失去的机体的、社会的功能，并有助于他们进入一般的、正常的社会生活。增能不但在于增强其原本丧失的机体的功能，而且可以增强他们的生活信心，甚至可以减轻他们对社会的“拖累”。增能理论是以人的发展理论为基础的，它关注人的基本价值的实现。按照增能理论的理解，增能的方式也是多种多样的。比如，康复可以使残疾人已丧失的功能得以恢复，教育和培训可以发掘他们的潜能，外界生活、活动条件的改善可以减少他们表现自己能力的障碍，等等。

（三）标签理论

标签理论是解释某些偏差行为何以产生的理论，也是反对那些不正确地制造偏差行为的理论。这一由美国社会学家提出的理论认为，在美国社会，某些人的行为被认为是偏差行为，这是社会上有权势的人给弱势者贴标签的结果。本来，这些弱势群体的行为站在自己的立场上看是无可指责的，但是对那些有权势的人来说这些行为则不合规范，从而给这些行为加上“偏差”、“不正常”的标签。又由于这些人具有权势，经过宣传或某些社会程序，这些加在弱势群体头上的“偏差”、“不正常”的标签逐渐被广大社会所接受。然而，对于提出标签理论的社会学家来说，有些弱势者的“偏差”或“不正常”，与其说是真正的偏差，倒不如说是有权势者给弱势群体妄加标签的结果。有权势者的妄加标签使那些可能并不属于偏差的行为成为“偏差行为”，而且这种妄加标签可能真的会产生促成弱势者偏差行为的后果。

我们小组工作的理念是：平等、参与、共享。

三 文献回顾

借助华东理工大学孙立平教授的研究，弱势群体的参与、意识提升和增权问题，是一种全新的研究视角。从方法论上概括了三种研究模型，即自上而下、自下而上和日常生活。

借用到此，课题研究应为：“自上而下”就是强调社会大环境（包括社会制度、社会结构、社会政策、社会公正、社会支持和保护等外部因素）对弱势群体的影响。“自下而上”，就是强调和关注群体自身的需求和注重弱势群体的利益表达。“日常生活”就是强调弱势群体自身和外部环境的互动，应把弱势群体的增权行为视为群体自身和社会因素的结合。根据上述理论，针对此次小组工作，下列问题可展开讨论：

（1）考试冲突问题。在期末时，由于课本等原因的限制，需要其他同学的帮助，在紧张的考试时期，就产生了复习时间上的冲突。

（2）专升本问题。在这些特殊同学中，有一部分是专科学历，他们对于自己的未来尤其是升本科问题显得十分焦虑，因为到目前为止，各个单位都没有明确的回答。

（3）大学可以学到什么。在他们付出了更多努力后，究竟可以学到些什么？

（4）就业问题。

（5）学校态度。这些特殊同学的考试成绩的统一，是不是学校的过关性态度的表现？

（6）硬件设施问题。如课本等学习、生活方面。

（7）借口。惰性谁都有，但这些特殊同学以身体方面的缺陷为由的偷懒行为，在其他同学眼里是不是一种特权呢？

（8）在特殊同学眼里的我们。

四 小组的设计

（一）目的

上述基本原则为“走近凯勒”这个工作小组提供了方向和基本目标，“走近凯勒”作为一个支持性小组，工作人员会帮助组员分享生活经验，表示理解与支持，畅谈感受，仔细考虑如何面对问题以及促进自我了解。我们强调以自我发展与更好地融入校园生活为核心目标。

特罗普指出：小组的目标就是宣泄阻碍个人社会行为的负面感情；通过小组的归属感，为组员提供支持，发掘内在能力；得到关心和接纳；通过表达成就感和小组认同，提高自尊；现实向导，明白他人和组员有同样的生活上的痛苦，了解他人挣扎和应对的过程，以及他人是怎样看待自己的；自我欣赏；清楚地认识自我和他人，了解更多应对生活困难的方法。

（二）目标

增进组员对自我的认识和了解；为组员提供情感支持，信息支持和陪伴支持；协助组员对日常学习生活和未来人生的规划；增强组员积极主动地接触社会和他人的动机。

（三）服务的对象

在上海师范大学奉贤校区人文与传播学院04级社会工作专业的3位眼疾同学（分别是1位弱视同学和2位散光同学），以及教科学院的若干位眼疾同学。

（四）组员选择的标准

（1）具有高学历，在身体上有缺陷的同学；

（2）自强不息顽强生活的青年；

（3）其他。

（五）招募情况

首期工作是设计出招募在校残障大学生的招募单，通过学院的辅导员、校心理咨询站和团队工作者的关系网，不公开化地招募组员。

在BBS上发帖：3月20号开始网上报名，可以通过BBS报名。

到各学院的辅导员处了解残障大学生的具体情况，如专业、住宿，在辅导员的配合下争取能与他们取得联系。

到校心理咨询站，在老师的协助下寻找适合本小组工作的组员。

最后，我们在教科学院招收了3名弱视同学，在人文与传播学院招收了3名同学。

（六）具体设计方案

序号	时间	活动名称	活动目标	活动步骤
1	2005年4月23日	同片天空	建立专业关系； 订立团体契约； 拟订团体的目标和期望。	短讲； 击鼓传果； 心声表达； 订立团体目标； 总结及回应。
2	2005年5月12日	飞翔天使	利用“自上而下”理论，讨论社会大环境（包括社会制度、社会结构、社会政策、社会公正、社会支持和保护等外部因素）对弱势群体的影响； 着重进行的是残障同学在入大学前对一些社会政策的探讨和亲人朋友的意见看法的讨论等； 进入大学后心情的变化历程和对学校的一些看法。	击鼓传果再续； 天使试飞； 短讲：理论补充和困难归纳； 神秘希望； 天使展翅； 短讲：小结； 总结及回应。

续前表

序号	时间	活动名称	活动目标	活动步骤
3	2005 年 5 月 21 日	天使声音	利用“自下而上”和“日常生活”理论，强调和关注群体自身的需求和注重弱势群体的利益表达和自身与社会互动； 让组员抒发自己的想法，满足自身正常利益的需求； 工作人员倾听成员的利益要求，并给予理解、支持和关注。	解人绳； 理想畅谈； 星星知我心； 短讲； 共同讨论； 总结及回应。
4	2005 年 6 月 3 日	互动天堂	回顾活动过程； 抒发感想； 结业仪式； 自信展望未来。	两人一组猜拳； 回顾成果，分享愉悦； 同一首歌； 我是你的天使； 结业式； 祝福与道别； 提醒保密； 填写意见反馈表； 总结及回应。

（七）计划书

同一片天空

目标：

※ 建立组员间及组员与工作人员间的关系。

※ 订立团体契约，增强组员的投入程度。

※ 鼓励组员对团体的目标和期望发表意见。

程序：

1. 短讲（10 分钟）

内容：

※ 工作人员介绍。

※ 主题短讲。

※ 活动安排。

2. 认识游戏：击鼓传果（15 分钟）

目的：使组员相互认识。

内容：

※ 组员坐成一排，工作人员将一只苹果传向组员，并放音乐，当音乐戛然停止时，接住的人开始自我介绍，如姓名、联系方式、兴趣爱好、星座、希望在团体中有何收获，等等。

※ 介绍完毕，将苹果传向其他组员。

3. 心声表达（20 分钟）

目的：

※ 增进个体在团体中的凝聚力与归属感。

※ 鼓励组员讨论出有益于团体的共同约定，并承诺遵守团体订立的契约。

※ 激励团体组员适度地表达自己的意见、想法，并尊重他人的意见。

内容：

首先对组员简述此活动的目的和方式，尤其是这个活动需要全程录音，让小组组员进行讨论：在团体游戏、活动或竞赛中，本队的共同约定是什么？写出要讨论的小组契约的项目内容。

对每一讨论内容作表决，其内容可包含：我会准时出席、我愿意积极参与小组活动及分享、我会对涉及他人隐私的分享绝对保密、我愿意尽全力达成团体目标、我愿意和他人分享我的感受、我会主动和其他人沟通、我会服从大家的共同决定，等等。

讨论内容通过表决后，让组员自己说一段心里话，做出适当的保证以达到契约的目的，并再次告知这个过程是全程录音的。在讨论完该组的契约后，大家共同分享在这历程中的心得感想。

游戏分享讨论的题目：

※ 你们如何决定表决的方式？这样的约定有什么帮助？

※ 在讨论的过程中团体和个人发生什么问题，你们如何解决？

※ 在下一次活动中，你们要如何维持你们共同的约定？

※ 当你想到遵守共同契约的具体行为及贴上代表自己的树叶时，有什么感受？

※ 在活动中，你是否充分表达了自己的意见？如果没有，是为什么？

4. 订立团体目标（15 分钟）

※ 工作人员总结组员们预期目标评估报告，并概述小组目标和小组方案。

※ 征求组员意见和建议，并做方案调整。

5. 总结及回应（10 分钟）

内容：

※ 工作人员请大家回忆今天的活动内容，邀请每一位组员用一句话表达参与团体的感受。

※ 然后，工作人员对组员们的良好表现表示赞赏，鼓励应有的行为及提醒不恰当的行为。

※ 用“走进凯勒”为本小组命名。

※ 预告下次活动内容，并重申契约。

飞翔天使

目标：

※ 根据孙立平的“自上而下”的理论，强调社会大环境（包括社会制度、社会结构、社会政策、社会公正、社会支持和保护等）的外部因素对弱势群体的影响。

※ 着重进行的是残障同学在入大学前对一些社会政策的探讨和对亲人朋友的意见的讨论等。

※ 进入大学后心情的变化历程和对学校的一些看法，协助他们更适应学校。

※ 引正他们的部分观点，以及更自信面对生活和人群。

程序：

1. 热身游戏：击鼓传果再续（8 分钟）

目的：帮助新组员融入团体或帮助大家快速准备进入这个氛围。

内容：

※ 请新组员拿着苹果简单地介绍自己的姓名和兴趣爱好。

※ 其他组员轮流传递苹果，并向新组员说："你好，×××，我是×××。"

※ 传到苹果的老组员表演一个节目（唱歌、说笑话等）。

2. 主题活动一——天使试飞（20 分钟）

目的：

※ 说出个人的真实看法。

※ 引出曾经的问题和困惑，以及解决的方法。

内容：

※ 将事先准备好的若干张纸牌（有特殊装置）发到组员手里，点数最大的组员要讲自己入学前的难忘经历，也可以向点数最小的同学提一个关于此方面的问题。

※ 点数最小的同学，重述自我（重点是长什么样子、常玩什么游戏、老师怎么说你、爸妈怎么说你、自己又是怎么认为的、那时候最在乎的是什么。再继续两两分享小学、初中的经历），并让他们说出现实与理想产生差距的原因及克服的方法。

※ 轮回 5 次。

※ 每个工作人员邀请一位不怎么表达的组员与大家分享心得。

※ 一位工作人员表演一个节目（歌曲）。

3. 短讲：理论补充和困难归纳（10 分钟）

目的：明确理论要点和困难以及协助他们走向理想 。

内容：将要点写在黑板上，和组员一起重温。

4. 激励游戏：神秘希望（15 分钟）

目的：

※ 营造团队的热闹气氛。

※ 增加组员之间、组员与工作人员之间的信任度。

内容：让组员都站起来猜一个数字，猜中的有礼品。

5. 主题活动二——天使展翅（25 分钟）

目的：

※ 组员能发现入学后自己的改变，并对自己负责。着重引导入学后的心情历程的回忆。

※ 引出对学校和社会的希望。

※ 组员能思考自己各方面的特质和能力，并重视自己的发展。

内容：

※ 做一个百宝箱，里面有问题和惩罚。

※ 让组员猜一个号码，回答这个问题。

6. 短讲：小结（5 分钟）

目的：重温经典理论，明确个人与学院的关系和希望。

内容：将要点写在黑板上，和组员一起重温。

7. 总结及回应（10 分钟）

内容：

※ 工作人员请大家回忆今天的活动内容，邀请每一位组员用一句话表达参与团体的感受。

※ 然后，工作人员对组员们的良好表现表示赞赏，鼓励应有的行为及提醒不恰当的行为。

※ 爱的鼓励：有节奏的鼓掌。

※ 预告下次活动。

天使声音

目标：

※ 孙立平教授的“自下而上”理论，就是强调和关注群体自身的需求和注重弱势群体的利益表达。

※ 孙立平教授的“日常生活”理论，就是强调弱势群体自身和外部环境的互动。应把弱势群体的增权行为视为群体自身和社会因素的结合。

※ 让组员抒发自己的想法，满足自身正常利益的需求。

※ 工作人员倾听组员的利益要求，并给予理解、支持和关注。

程序：

1. 游戏热身：解人绳（10 分钟）

目的：

※ 以活动的形式活跃气氛，调动大家的积极性。

※ 增进组员之间的感情，为大家的自由交谈提供平台。

内容：

※ 组员站成一个向心圈。

※ 工作者示意：“先举起你的右手，握住对面那个人的手；再举起你的左手，握住另外一个人的手；现在你们面对一个错综复杂的问题，在不松开的情况下，想办法把这张乱网解开。”

※ 告诉大家一定可以解开，但答案会有两种：一种是一个大圈，另外一种是两个套着的环。

※ 如果实在解不开，工作者可允许组员决定相邻两只手断开一次，但再次进行时必须马上封闭。

2. 主题活动一——理想畅谈（20 分钟）

目的：帮助组员建立认同感、追求感。

内容：

※ 工作人员说明主题的意义、命名的目的。由《假如给我三天光明》这本书引发主题思想。

※ 组员由此引发感想，并畅谈自己的人生理想和目标。

※ 组员之间可以相互讨论，互发感叹，工作人员进行相关引导。

3. 主题活动二——星星知我心（25 分钟）

目的：

※ 练习如何表达。

※ 增进团体的凝聚力。

※ 学习面对问题、解决问题的态度和处理方法。

内容：

※ 请在纸上写出自己的一项秘密。

※ 把写好的字条交给领导者。

※ 请组员抽出任意一张（不能抽到自己的）。

※ 念出秘密："如果我有这种秘密……"或念成："我的秘密是……"

讨论：

※ 当你在写秘密时，心里的感觉如何？

※ 当你在读别人的秘密时，心里有何感觉？

※ 共同分享秘密与回馈。

4. 短讲（15 分钟）

工作人员可讲述一些残疾人在日常生活中遇到的困难，读一些有关残疾人保障法的内容，重申这是作为公民应享有的权利，让组员充分了解和利用这些权利。

5. 总结及回应（10 分钟）

内容：

※ 工作人员请大家回忆今天的活动内容，邀请每一位组员用一句话表达参与团体的感受。

※ 工作人员对组员们的良好表现表示赞赏，鼓励应有的行为及提醒不恰当的行为。

※ 预告下次活动。

互动天堂

目标：

※ 巩固小组工作的成果，帮助组员独立地、有成就地离开小组。

※ 巩固其在小组中的学习经验，使其能运用于日常生活中，从而进一步发展和成长。

※ 增进组员对小组经验的良好印象，从而吸引组员日后参加类似的小组活动。

※ 重温所有内容，得出正向反馈，凝聚信任与友谊。

程序：

1. 热身游戏：两人一组猜拳（10 分钟）

目的：加强组员间的亲切度，活跃气氛。

内容：

两人一组猜拳，念：

我家的、我家的、我家切！我家的大鱼！

（赢的双手打开大展）

我家的、我家的、我家切！我家的大鱼！

（输的双手比小距离）

我家的、我家的、我家切！我家的大鱼！

（不输不赢，双手在耳后，摆一美姿）

2. 协助组员回顾他们在小组中所取得的成果（15 分钟）

3. 讨论分享愉快的经验感受（15 分钟）

分享与讨论：

※ 请组员认真描述自己的心情、感受、体会，引起共鸣。

※ 工作人员回馈：感激能有机会让我们一窥自己心灵最柔软处，人生有爱真美好，虽然它很小，但我们无法忽视，所以主动重温自己的不一样的人生便显得格外重要。因此，相信世界有爱，主动付出自己的爱，让我们记住曾经的感动。

4. 同一首歌（5 分钟）

目的：增进和谐气氛，增强大家的亲密感。

内容：由工作人员领头，希望可以大合唱。

5. 我是你的天使（10 分钟）

目的：结束团体，加强组员间的正向反馈，凝聚信任与友谊。

内容：

※ 每位组员将自己的名字写在彩色纸片上，投入箱子。

※ 每人在箱子中抽取一张彩色纸片（如果抽到自己的就放回箱子中重新抽取）后，请不要告诉任何人，默默地在他（她）的名字下面写下一段“充满温暖、充满爱”的话。

※ 由工作人员重新回发给该组员。

6. 结业式（10 分钟）

目的：嘉许和鼓励各组员

内容：

※ 工作人员预先为各组员准备一段评价，上写有工作人员对各组员的赞赏和鼓励的话。

※ 在念给每一位组员听时，工作人员郑重地读出这段话，并重放前三次课程中的一些他的精彩录音和他的心声表达。

※ 颁发结业证书。

7. 祝福与道别（10 分钟）

8. 提醒保密（5 分钟）

9. 填写意见反馈表（10 分钟）

10. 总结及回应（10 分钟）

内容：

※ 邀请组员用一句话表达参加团体的心情、感受。

※ 工作人员简要评述，经允许后留下联络方式。

※ 颁发活动中具有突出表现的荣誉奖项，如“发言踊跃奖”、“脚踏实地奖”等。

※ 爱的鼓励：有节奏的鼓掌。

所需资源

	收入： 系里补贴：	支出： 食物饮料费； 礼物费； 打印复印材料费； 上网查资料费。
合计		

工作日程

日期	任务
3 月 23 日	制定招募单，海报及有关宣传的预备工作。
4 月 20 日	约见参与者，进行筹备工作。
4 月 23 日	第一次小组活动。
5 月 12 日	第二小组活动。
5 月 21 日	第三小组活动。
6 月 3 日	第四小组活动。
6 月 4 日至 6 月 15 日	检讨及跟进工作，制作报告书。

应变计划

预计困难	应付办法
招募不到足够的参与者	先通过 BBS 和海报进行招募； 亲自登门，招募宣传； 通过辅导员取得招募对象的资料，请求参加。
组员有事缺席	邀请组员的同寝室同学作为嘉宾。
气氛僵硬，冷场	放一些轻音乐作为背景； 工作人员讲一两则笑话调节氛围。
主持未能同时兼顾到组内的每一位组员	在每次活动之前仔细构思小组流程及安排；在小组进行时工作人员需更敏锐一些，留意他们的言行并做适当回应； 由观察员和副主持等和其沟通，调动他们的积极性。
组员谈话跑题	由工作人员循序渐进地引向谈话目标。
由于工作原因要找某些男性组员，而不能进学生村	和门卫处沟通； 在沟通不成的情况下，求助男性同学帮助，由他们传达我们的意思。

五 组员的反应

（一）第一次活动

1. 活动效果

小组基本完成了预先安排的活动内容，组员的表现基本上是令人满意的，从 18：00～19：00 之间的活动过程轻松而热烈，也达到了“认识组员，尝试彼此沟通”的预定目标，组员表示十分愿意参加下一次活动。

2. 组员表现

阿琦：04 级学生。一开始较为拘束，讲话不多，但在工作人员的帮助和诱导下，逐渐融入其中，在自我介绍时较为简单，在游戏时十分投入，完全敞开自我，比较喜欢谈他擅长的上网和电脑等内容。

阿洋：04 级学生。性格温柔内向，一直比较沉默，表情温和。面带微笑，与其他组员沟通较少，被邀请发言时不知该说什么。在其他组员和工作人员的帮助下，开始和他人交流和谈话，自我介绍，也能认真地聆听工作人员的介绍。

晓伟：03 级学生。和以上二位一样，刚到时比较拘束，但相比阿琦和阿洋还是好一些，能主动介绍自己的一些情况，自我介绍十分具体，感觉是动过脑筋的，在游戏时也十分投入。

阿佳：03 级学生。十分热情，对宋琦十分关心，很主动地和工作人员和其他组员交流，询问一些相关的情况，包括填写量表，也积极地投入到小组的活动及游戏中，对小组起到一定的帮助。

小杰：03 级学生。为人热情开朗，积极参与，很有自己的想法，对自己的将来有明确的规划。可以为小组带来乐观的情绪。

（二）第二次活动

1. 活动效果

小组基本达成预期目的，完成了所安排的活动内容。令人欣慰的是，组员人数充足，组员发言积极，话比上次多；在袒露遭遇和面对挫折的时候，组员的表现令我激动。比如小杰的主动发言，阿佳的乐观积极，阿琦的悲观心态调整，阿涛的鼓励支持等，这些都是极好的表现。只是本次小组活动的时间限制，交流没有尽兴。

2. 组员表现

小杰：提前到了活动地点，表现较为活跃，参加任何一项活动都很积极主动，经常主动发问，发表观点，努力地完成自己的任务，整体表现得很好，她是个颇有潜力的孩子。

阿佳：认真地投入每一项活动和任务，积极主动地去完成，能发挥主观能动性，而且主动结识同伴，看来作为老组员其资格很充分。

阿琦：依赖性较强，处事较悲观，缺乏自我认同感，自信心不足。当谈及挫折时，他开始时有点回避，后来经过大家的鼓励，调整了悲观的心态，基本上很配合。虽然还有不少问题，但已经比原来有所改变，我们要想办法发挥他的能动性，增强他的归属感，更加了解他。

任意：作为学生干部，公务繁忙，但还积极参与活动，和组员交上了朋友，积极投入到任务中去，发言踊跃，言语中表现出思想性，表现尚佳。

阿涛：兴致很高，很高兴，很配合，积极地投入到我们的活动中。

（三）第三次活动

1. 活动效果

小组基本完成了预先安排的活动内容，组员的表现基本上是令人满意的，从18：10～19：30之间的活动过程轻松而热烈，也达到了“让组员对自己的过去经历的回顾、满足自身正常利益的需求，帮助组员以正面的态度去面对挫折的预定目标”，组员表示十分愿意参加下一次活动。特别是组员都能发言，谈出自己的想法，这一点是很令人鼓舞的。

2. 组员表现

小杰：无论是配合工作还是发言都很积极主动，能起到小组核心的作用，并能领悟到小组的主题，在发言中很快体现出来，整体表现出较稳重的感觉。

阿佳：和小杰比较亲密，常联合起来，活泼，想法较为积极、敏锐。

晓伟：和阿洋一样，因为是第二次参加活动，所以比较拘谨，但感觉十分稳重，有一定的想法，只是在活动中表现还不够积极，但每一次发言都很有水平。

阿琦：比较调皮，冷幽默，不够积极主动。但很爱发表非正式的言论，只是到小组正式发言时会退缩，但在工作人员的启发下，能作较短的发言。

阿洋：由于上次小组活动的缺席，因此与工作者和其他组员有些生疏，没有表现出十分主动的样子。在工作人员的要求和启发下，能够配合做一些工作，并能达到较好的效果。

（四）第四次活动

1. 活动效果

整个活动的气氛十分融洽，最后更是依依不舍。与第一次活动比较，大部分组员无论是仪表还是神态都更加自信和爽朗，更可贵的是，大家都不再怨天尤人、自暴自弃，已经开始规划自己今后的生活，组员彼此建立了关系，而且已经开始了互相的关注与支持。

2. 组员表现

小杰：比想象中的好很多，你们很能激发我们谈话的热情。其实石佳磊很内向，三个工作人员把气氛调节得很好，启发我们说出了心里话。场地、环境很温馨，位置安排地有技巧。

阿佳：觉得不错，工作人员的形象佳，之前没有经历过小组活动，气氛很和谐，这是最可贵的。做到了保密原则，基本上符合性格，工作人员的调动性强。

小伟：工作人员乐观，会引导人，和谐、轻松的气氛吸引了我。有一次上党校冲突了，没有参加，觉得挺遗憾的。

阿琦：我是你们的同系学弟，从你们这次活动中我学到很多小组工作的经验，以后可以用在自己的活动中了。具体的帮助倒也说不上来，比如不可能通过这么几次活动，我就不担忧以后的工作问题了……不过和你们在一起的时候我还是很开心的。

六 小组的测量与评估

为了记录组员在小组中的改变，进一步改进我们的工作方法和技能，我们对小组的结果进行了评估，在评估过程中，我们分成了几个部分。

（一）组前计划评估与分析

在开展第一次活动时，我们已与同组员的好朋友（同寝室同学）进行过几次深谈，就开展本次小组工作掌握了许多第一手资料，同时也和部分组员面谈，从他们口中获取有价值的信息。

在与组员好友进行访谈时，我们着重就以下几个方面进行交流沟通：

1. 关于视障同学在学业方面现存的问题

有关问题如：

(1) 由于课本未到位等问题，在考试时期需要正常同学的帮助与这些同学自身复习的冲突问题。

(2) 专升本问题。

(3) 在大学里究竟可学到些什么？走进社会后的方向？

(4) 考试时学院的态度？为何他们所有的成绩都一致？他们又是如何看待学校这种态度的？

(5) 在学业上的硬件设施没有完善给他们带来的不便。

2. 关于同学眼中视障同学的人际交往中的问题

有关问题如：

(1) 视障同学对自我形象的看法？

(2) 视障同学对帮助他们的同学是什么看法？

(3) 你认为视障同学最应改正的地方是什么？

经过几次详谈后，我们认为这些问题对于我们开展小组工作是相当有利的。本小组工作人员可以将视障同学学业方面的问题灵活地融入我们第二、三次小组活动中，人际交往的问题插入第四次活动中。结合我们的小组设计，依据“问题提出—讨论—澄清—结论—回顾与展望”这个模式，逐一探讨上述问题。

由此，除了丰富小组内容，我们也对这些同学的个人特质有了些初步概念，本小组工作人员也多次讨论如何就每个人的不同特点，有针对性地提出可以让他们每个人都可以表现的问题，从而更好地控制小组。

除了与他人的访谈，在与视障同学接触的过程中，我们也在访谈的基础上，运用了观察法。

（1）当我们有意（约 5 次）谈及他们的敏感性问题（开始进入大学，如何处理别人不同的眼光）时，他们显得非常不安。于是，我们观察他们岔开问题的次数，沉默的次数。

结论：

阿琦：几乎不发言，但也不反对参加。

阿洋：3 次回答均为“无所谓”，有些不想涉及。

小伟：不作回答，认真聆听，表示愿意分享自己的心情。

建议：就我们的工作记录，工作者们决定当涉及有些敏感性问题时，采取主动带动被动的策略，社工只起联结作用，希望可以引起共鸣，达成共识。

（2）在交谈中，记录他们提到两次以上的关于小组活动的意见和建议的关键点。

结论：

阿琦：希望组员 3 个以上。

阿洋：没有具体要求。

小伟：希望活动可以更有趣，生动活泼。

建议：可以完全采纳他们的意见，决定在每次活动结束时，询问他们在此次活动中最喜欢的活动和话题，并用一句话概括本次活动的内容。然后根据他们的意见，灵活地修改小组计划。

（3）在大体上介绍完小组活动后，观察他们对什么最有兴趣，对什么最担心。

结论：

阿琦：表示对认识朋友有兴趣，对小组会积极支持，若我们做得好，会接过我们的棒子，做深这个小组。

阿洋：担心自己时间可能冲突，不参加。

小伟：希望不要做完了就行如陌路人。

建议：看来，对他们关注的人群并不在少数，但大多只是随着活动结束而结束，缺乏持续性。在结业时要增强他们对本小组的信心，做好后续工作。

(4) 其他，据我们观察，既定组员都对他们的可得利益不是很明确，这是否可以说明我们小组工作的目标不是很明确？在小组结束时，希望可以通过成效评估，看本小组活动的目的性是否已经明确。

经观察、访谈等调查后，整理可得以下结论：

第一，组员皆自愿参加“走进凯勒”工作小组——一个深讨高等特殊教育问题的支持性小组。

第二，参与小组的动机。由于本组员皆为视障在校大学生。一方面，可以进行生活上、学习上的交流（有 03 级和 04 级两届学生）。另一方面，一部分同学是本小组领导者直属学弟和学妹，可以提前熟悉社会工作。而来自 03 级应用心理专业的同学则大多抱着参加类似社团的心理。

第三，组员的能力：经过组团前的筛选，我们初步感觉 04 社工石×比较内向，但有着较强的配合力；04 社工杨×比较腼腆，似乎不善言语；03 应用心理姚×有较强表现力，乐观善于表达；03 应用心理石×冷静自制；03 应用心理柯××有些内向，却不怯场。

第四，经过小组工作人员的初步探讨，我们认为以上各位同学能够帮助工作人员实现小组目的。

(二) 结果评估

1. 评估的目的

随着上海社会工作职业的发展，社会工作评估逐渐受到重视和应用。对于评估工作的要求，一方面是基于对社会的问责性，为证明社会工作的成效和价值；另一方面是希望提升服务素质和专业水准。然而，对于初步涉入社工的我们而言，评估工作仍是一项艰巨的任务。有些社工认为，评估工作属于学术研究，应交予学者去实行。而从研究使用者的角度看，就算评估工作设计严谨，除了能证明成效外，对改善实务工作帮助不大，仍须靠社工的临床判断，改善小组工作的技巧。

由于本地评估工作经验及文献有限，一般社工将小组工作评估方式等同事前、事后测试，以为做到测试，便完成小组评估工作。

其实，小组工作评估的目的并不限于成效评估，综合而论，小组工作评估有下列两项主要功能：

（1）成效评估。成效评估是最基本和普遍的功能，通过事前、事后评估，量度参加者在完成小组后的转变。

（2）指引实务工作。小组评估目标之一是量度组员个人目标达成的程度，这种评估并不限于在小组完结后进行，可在小组过程中不断评估，让小组工作人员掌握组员的进度，反映小组治疗策略的有效程度，从而立即改善介入手法和技巧，使小组更能帮助组员达到个人目标。

2. 评估方法的选择

我们小组采用了邓国兴教授（清华大学公共管理学院教授）的非营利组织评估理论框架（如下图），根据我们小组工作的特色内容，选择了自编量表作为我们小组工作的评估环节的测量工具。

由于我们探讨的是上海师范大学在校视障大学生的高等特殊教育问题，根据评估理论框架，本小组工作人员尝试编制标准化量表，定量而形象地阐述了本小组工作的成效。此方法可以针对小组中出现的问题一一进行过程评估，有利于发现组员的变化情况、社工的工作技巧，以及有哪些因素导致了组员的积极变化、哪些因素导致了组员的负面变化等，还有助于工作者总结经验，提高工作水平和质量。本方法最大的不足之处在于缺乏权威性与标准化，小组工作者的主观成分过多。

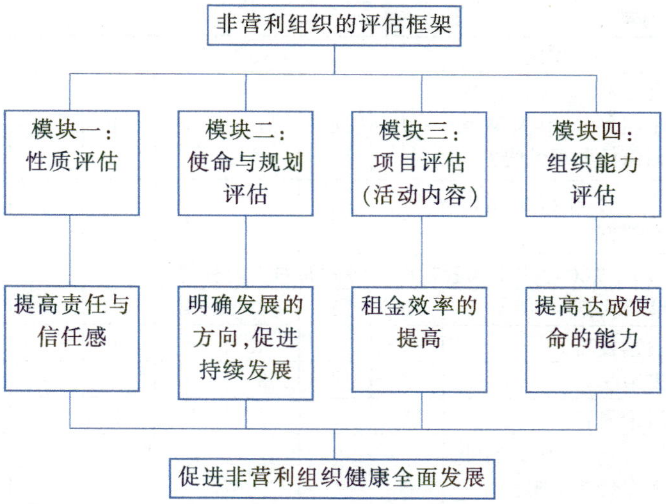

3. 分析和解释

评估内容	具体数据						x	Md	Mo
(1) 小组符合你的期望吗?	4	4	3	4	5	4	4	4	4
(2) 你能够在小组中坦然地向组员表达自己的看法吗?	4	5	4	4	4	5	4.33	4	4
(3) 你认为这个小组工作在以下方面能够帮助到你吗?									
同辈的鼓励支持	3	4	3	4	5	4	43.83	4	4
自己订立的目标	4	2	3	4	4	4	3.5	4	4
完善自己的价值观	4	2	3	5	3	3	3.33	3	3
(4) 你喜欢这个小组活动吗?	4	4	4	4	4	4	4	4	4
(5) 小组安排的场地让你觉得舒适吗?	4	5	4	3	3	4	3.83	4	4
(6) 你觉得在这个小组中大家可以彼此尊重吗?	5	5	4	4	4	5	4.5	4.5	4/5
(7) 你乐意在这个小组中与他人分享自己的经验吗?	4	5	4	5	5	4	4.5	4.5	4/5

续前表

评估内容	具体数据						x	Md	Mo
(8) 你觉得在这次小组活动中大家互相信任和坦诚吗?	4	4	4	4	3	4	3.83	6	4
(9) 你喜欢小组的带领方式吗?	4	4	4	5	4	4	4.17	4	4
(10) 你对小组工作者在以下各方面的表现有何意见?									
节目安排	3	3	4	4	5	4	3.83	4	4
表达技巧	4	4	4	4	4	4	4	4	4
组织能力	3	4	3	3	3	4	3.33	3	3
讨论内容	3	3	4	5	4	4	3.83	4	4
以后有同类型的小组你会参加吗?	3	4	3	4	4	4	3.67	4	4

注:

Mo:代表众数,是总体中各单位最普遍出现的标志值,即在一组数据中出现次数最多的数据,又代表平均数,即反映各项的平均水平。

Md:代表中位数,当n为奇数时即为(n+1/2)的数值,当n为偶数时,即为(n+1/2)前后两数值的平均值。它的位置居中,与平均数相比,它可以消除少数极端数值对代表值的影响。

X:代表平均值

通过对上述数据的分析,我们发现:

就平均数据而言,其中:

组员最满意的是(6)、(7),说明组员在小组中获得了一定的肯定,也培养了组员间和工作人员间的较强尊重感,就这一部分而言,本小组活动的过程控制是成功的。

组员较为满意(4分以上含4分)的是(1)、(2)、(4)、(9)、(10),这说明,(1)与(4)组员基本都对小组抱着较大程度的好感和认同感,说明组员对本小组预期满意度与实现的满意度基本达成一致。值得一提的是,在(4)所有组员都给了一致的分数,而(1)中数据的离散性较小,这充分说明了本小组就小组过程控制和小组活动的良好氛围有一定的可取之处。(9) 与 (10) 是对小组工作人员的技巧的肯定，这对于初涉社会工作领域的工作人员既是很大的鼓励也是很大的动力。(2) 是沿承着 (6)、(7) 问题，充分肯定了组员间良好的关系和组员在小组获得的认同。

最不满意的是 (3)、(10)，说明了本小组尚不够成熟，尤其是在活动内容和组织力上有着欠缺。如何进一步丰富小组内容、加强组织、使小组工作规范化，是小组工作人员在这次活动的一个收获。此外，通过活动内容，使组员达成既定目标，这是小组工作的一个难点和重点。首先，是否可以通过加长小组活动的时间（次数）进一步达成小组的目标呢？其次，一定要完善前期的全面准备和谈话，更有针对性地开展游戏。最后，在评估时可以在量表中更细化，关于小组目标和小组活动内容的提问，着重看看小组工作的目标的成效。

数据百分率化。通过数据百分率化，可以直观地看出本小组在整体上是否成功。

通过平均数数据与中位数数据的比较，可以基本看出极值基本对该数据没有很大的影响，说明在小组内没有完全被忽略的组员或“明星组员”，该数据基本可以客观地评估本小组。

4. 小组工作者自评

为了评估工作人员自身对小组的满意度和工作表现的情况，我们对工作人员也进行了评估，我们设计了“走近凯勒”小组工作人员自我评估分析表。表中共有 14 个选项，涵盖了小组过程、小组设计、小组进程、小组表现，以及自己的工作表现等方面。下面我们来对数据进行一个简单的分析。

“走近凯勒”小组工作人员自我评估分析				
量化分析（极好为5分，较好为4分，一般为3分，较差为2分，极差为1分）				
内容	严	黄	胡	平均值
(1) 工作人员是否熟知本小组工作的目的与技巧?	5	5	5	5
(2) 在本小组开始第一次活动时是否已准备好了文字材料?	4	5	4	4.3
(3) 对开始活动前招募工作的满意度。	4	4	4	4
(4) 对本小组设计理念的满意度。	5	4	5	4.67
(5) 小组开展的活动是否具有灵活性?	3	4	4	3.67
(6) 对在小组中开展的游戏的满意度。	3	3	3	3
(7) 对组员的出席率的满意度。	3	3	3	3
(8) 对小组工作人员出席率与准时率的满意度。	4	4	4	4
(9) 对小组活动通知和准备过程的满意度。	4	3	3	3.33
(10) 小组工作人员在小组中是否具有良好沟通技巧，形成该小组良好的活动氛围?	4	4	5	4.3
(11) 小组工作是否具有缓解冲突、控制小组进程的能力?	4	5	4	4.3
(12) 小组观察是否认真观察，勤记笔记?	5	5	4	4.67
(13) 每次小组活动结束后是否针对下次活动工作略做调整?	4	5	4	4.3
(14) 小组全部结束后是否还有后续跟进工作?	3	4	3	3.33
总分	55	58	55	——
综合百分比	78.57%	82.86%	78.57%	——

由以上数据，我们可以看出：

直接观察量表数据结果，该具体数据并没有呈现很大的离散性，故得到的数据比较真实可靠。

从数据显示，小组工作人员已经非常了解本小组工作的目的与技巧。

小组工作者对本次小组活动比较满意的有（平均分为 4 分，含 4 分 以上）：

其中（2）、（3）、（4）、（9）皆属于小组工作前期准备问题，说明小组工作人员对小组的准备都感觉较满意。

（10）、（11）、（12）、（13）属于小组工作过程中有关于工作人员技巧和控制力以及工作态度问题，说明小组工作人员对小组的气氛控制和过程进展都有较好的把握。

需要改进的地方有（平均在 3 分以上，不含 3 分）：（5）、（8）、（14）

说明了在下次组织小组工作时应在小组的灵活度、小组工作者的准时出席和后续跟进工作上多作努力。

小组工作人员对本次小组活动最不满意的是：（6）、（7）

也许是由于视障同学生理条件的限制，故并未在小组中开展丰富多趣、灵活性较大的小组游戏。以后要在游戏上下工夫，要试图在游戏上打开讨论的缺口并给小组活动以一定的启示。此次小组工作中，组员的流失也是一个不尽如人意的地方，在下次小组活动中应对组员的出席提早通知，多次敲定，更要丰富小组活动的内容，明确目的，内外共同努力解决问题。

七　小组的困难与反思、建议

通过四次小组活动，我们按原定计划完成了小组活动的所有内容及各项任务，组员从开始的拘束到畅谈，达成了默契，形成了合作的基础，基本实现了小组预定的主要目标，我们认为这些目标的实现主要表现在以下几方面：

第一，小组活动得到普遍认同。组员普遍对小组的形式及小组的内容感到十分有兴趣，在最后一次小组的意见反馈中，组员们一致认为小组的活动组织形式新颖，内容丰富，并从中学到了很多东西，特别是与人交流和沟通方面的技巧和方法，增加自信心。

第二，组员间建立了合作基础。通过活动，组员间形成了较好的合作关系，他们觉得和其他组员合作很高兴。

第三，重新反省、认识自我。通过活动和诱导，组员都对自己有新的认识，在几次关于自己情况的回顾及讨论中，大家都能比较客观地分析自己的特点，包括优缺点，不仅如此，组员还能帮助其他组员分析情况并提出解决问题的建议。

第四，组员自信心得到提高。四次活动使组员的自信心得到了很大的提高，小组活动一开始，有的组员比较拘谨或胆怯，但随着小组活动的深入开展，组员们通过展现自我、得到表扬及组员间的认可等形式，重拾信心，在以后的发言中，组员们思维踊跃、发言积极，并能根据实际情况讲出一些颇具意义的话。

第五，结识新的朋友。小组活动使组员的社交范围得到拓展，组员们除了原来的活动范围和伙伴以外，结识了新的活动群体，在活动中，组员们之间建立并发展了友谊，这使他们对小组活动的认同程度进一步得到提高。

有一些评判是通过工作人员对组员的某些状况的观察来体现的，如组员在活动开始时都比较拘谨，小组发言不积极，组员间的信任度较低，在谈及家庭及个人问题时有所保留，但到小组结束时，组员的状态发生了变化，小组的气氛较为融洽，组员间建立了很好的关系，合作愉快，而且基本上组员的发言都能经过精心思考，积极踊跃。通过这些观察，我们认为小组活动对于组员的沟通技巧、与他人建立合作关系及自信心的提高等都起到了一定的作用。

在同组员个别接触时，我们可以了解到组员对于小组活动的感受，并且向他们了解他们对小组活动的意见和建议。在这方面，我们得到的信息是，所有组员都对小组活动给予了较高的评价，他们的意见是：小组活动的组织形式比较新颖，是他们之前所没有经历过的；小组活动的内容很丰富，比较符合青少年的特点；小组活动使他们学到了与人沟通的技巧和方法，对他们很有用。也有的组员认为：虽然因为时间比较短，看不到十分明显的个人变化，但他们从活动中感受到了工作人员的真诚和爱心。不仅如此，所有组员都希望以后能和工作人员保持固定的联系。所有这些都表明，活动对组员是有吸引力的，而且在相当程度上是比较成功的。

参考文献

邓国胜．非营利组织评估．北京：社会科学文献出版社，2001

张增林，李华楠，陈宏主编．残疾人高等教育的实践与研究．北京：中国盲文出版社，2002

中国社会工作教育协会组编．小组工作．北京：高等教育出版社，2003

范克新，肖萍编著．团体社会工作．北京：社会科学文献出版社，2000

中共南京市委宣传部课题组．学习型组织建设与评估．北京：社会科学文献出版社，2004

吴增基，吴鹏森，苏振芳主编．现代社会调查方法（第二版）．上海：上海人民出版社，2003

附录

小组组员反馈意见表

亲爱的组员们：

我们的小组已经圆满结束了。非常感谢你们这四次活动的配合，在这活动的最后，麻烦对我们的工作做一个客观公正的评价。其中 1 题～11 题是量化评分题（评分标准是“非常符合”打 5 分，“比较符合”打 4 分，“一般”打 3 分，“不太符合”打 2 分，“极不符合”打 1 分）；而 12 题～14 题是开放性问题。

（一）量化评分题统计

1. 你觉得这个小组符合你的期望吗？（　　）

2. 你觉得自己能够在小组中坦然地向组员表达自己的看法吗？（ ）

3. 你认为这个小组工作在以下方面能够帮助到你吗？

同辈的鼓励支持（ ） 自己订立的目标（ ）

完善自己的价值观（ ）

4. 你喜欢这个小组活动吗？（ ）

5. 小组安排的场地让你觉得舒适吗？（ ）

6. 你觉得在这个小组中大家可以彼此尊重吗？（ ）

7. 你乐意在这个小组中与他人分享自己的经验吗？（ ）

8. 你觉得在这次小组活动中大家互相信任和坦诚吗？（ ）

9. 你喜欢小组的带领方式吗？（ ）

10. 你对小组工作人员在以下各方面的表现有何意见？

节目安排（ ） 表达技巧（ ）

组织能力（ ） 讨论内容（ ）

11. 以后有同类型的小组你会参加吗？（ ）

（二）开放式问题

12. 在本次小组中你最喜欢的部分是什么？为什么？

____

13. 本次小组中你认为需要改进的部分是什么？为什么？

____

14. 你还想对小组的组织者说些什么？

____

“走近凯勒”小组工作人员自我评估表

（一）量化评分	分数
定性与定量指标（分数：“极好”为5分，“较好”为4分，“一般”为3分，“较差”为2分，“极差”为1分）	
1. 工作者是否熟知本小组工作的目的与技巧？	
2. 在本小组开始第一次活动时是否已准备好了文字材料？	

续前表

3. 对开始活动前招募工作的满意度。	
4. 对本小组设计理念的满意度。	
5. 小组开展的活动是否具有灵活性？	
6. 对在小组中开展的游戏的满意度。	
7. 对组员的出席率的满意度。	
8. 对小组工作人员出席率与准时率的满意度。	
9. 对小组活动通知和准备过程的满意度。	
10. 小组工作人员在小组中是否具有良好沟通技巧，形成该小组良好的活动氛围？	
11. 小组工作是否具有缓解冲突、控制小组进程的能力？	
12. 小组观察是否认真，勤记笔记？	
13. 每次小组活动结束后是否针对下次活动工作略做调整？	
14. 小组全部结束后是否还有后续跟进工作？	
（二）主观态度题	
1. 对该小组的评估你满意吗？有什么意见和建议吗？	
2. 在本次小组活动中你最满意的是哪个部分？	
3. 在本次小组活动中你觉得什么是最需要改进的？	

小组工作案例计划篇

成长之路——健康上网小组

小组名称：

成长之路——健康上网小组

小组目的：

※ 正确认识网络的作用。

※ 增强自我控制力、表达与沟通能力。

※ 倡导积极健康的生活方式，正确上网，发现并开发组员的能力。

组员的选择标准：

※ 巨能中学学生。

※ 沉溺网络但有改过愿望的学生。

※ 愿意了解网络并学习正确使用网络的学生。

※ 家长不反对学生参加小组且学生自愿参与。

小组规模：

6 人～8 人。

小组理念：

※ 现代化产物网络异化了人，使人变成单向度。但人有多向度的需求，沉溺是误入单向度的歧途。

※ 现实世界是人的生活的真正支点，回归现实是健康生活的起点。

※ 人是有潜能的，改变是有可能的。

※ 在改变的过程中要有别人的帮助、相互间的促进。

小组设计的理论基础：

我们采用“社会学习理论”（Social Learning Theory）作为小组设计的理论基础。“社会学习理论”相信人可以通过观察和模仿，学习新行为。此外还要采用“场域理论”，长期沉溺于网络的人脱离于现实的场域，需要现实的网络促进其交往沟通的能力，使其相信其他的社会支持能够让个人恢复自我。根据“社会交换”理论，每个人的行为都受到奖励和惩罚的制约，人的任何付出都是为了某种意义上的获得，沉迷网络作为其消耗时间和精力的一种行为，其目的也是一种意义的获得，有必要采取另一种方式替代和认清主体所要意义的获得。

评估：

※ 使用小组目标达成表进行记录和评估。

※ 工作人员的反思。

※ 前测和后测。

活动内容：

走近网络

（时间为 90 分钟）

目标：

※ 让组员认识本小组活动的目标。

※ 让组员互相认识。

※ 让组员认识网络的工具性。

※ 认识虚拟与现实的差距。

时间	目标	内容
2 分钟	让组员认识工作人员。	由工作人员做自我介绍。
5 分钟	让组员认识此项活动的目标。	介绍小组的意义、目的、活动内容和时间安排。
15 分钟	让组员互相认识，了解组员的心理性格。	组员互相介绍，说出自己的性格特点和优势、个人在小组中的成长目标。（可以在纸片上写几个关于品质的关键词，例如善良、活泼、内向、友善等。让他们抽一张卡片，谈一谈对卡片上的词的看法，这样可以加深组员间的了解。匿名式地让组员做一个游戏，画树、人和房子，检测他们的心理性格，最后一节课小组解答并比较效果。）

续前表

时间	目标	内容
30 分钟	让组员认识自己的角色。 帮助学员初步明确自我意象。	认识自己的角色。 小组讨论：我是谁，我在干什么，我的目标是什么。 分享和总结。
25 分钟	初步了解现在组员对使用网络的看法、态度以及现状。	小问卷（匿名）、自由发言讨论。
5 分钟	总结本次活动。	主持人与各组员重温本次活动的内容：认识本次活动的目标、认识其他组员、认识自己的角色。
8 分钟		布置家庭作业： 把平时实际上网时干的事情和想象中自己应该干的事情列出来，并对比一下。

所需器材：
纸，笔，问卷，记录表。

沉溺初探

（时间为 90 分钟）

目标：

※ 了解人需求的多样性。

※ 了解网络的虚拟性。

※ 探讨沉溺网络的原因。

时间	目标	内容
8 分钟	重温上一节小组活动的内容。	家庭作业分享。
2 分钟	让组员认识本次活动的目的。	由主持人介绍本节内容。
15 分钟	帮助组员了解人需求的多样性。 了解组员的自控现状。	安排一个关于组员自控能力的小测验。先讨论一个正常人所应有的人生历程，最后介绍马斯洛的需求理论和埃里克森的社会化理论。

续前表

10 分钟	帮助组员了解网络的不现实性。	小组讨论： 由组员列举网络不能实现的东西。
20 分钟	认识沉溺的原因和影响。	案例讨论。
30 分钟	了解有关网络游戏的制作过程。	请相关的老师讲解一下电脑网络游戏的制作过程。
3 分钟	总结本次活动并提供一些减少不必要的上网时间的方法。	主持人与各组员重温本次活动的内容并介绍一些方法。
2 分钟		家庭作业： 试着尽量减少不必要的上网时间。

所需器材：

纸，笔，问卷以及手提电脑。

自控与沟通

（时间为 60 分钟）

目标：

※ 帮助组员发现在沟通中面临的问题。

※ 发现自我沟通表达能力的不足。

※ 帮助组员学习如何正确表达、沟通以及表达时要注意的分寸。

时间	目标	内容
15 分钟	重温上一节小组活动的内容	家庭作业分享（比较一下成功或者失败的原因以及经验）。
2 分钟	让组员认识本次活动的目的。	由主持人介绍本次活动内容。
15 分钟	帮助组员提高自我表达和沟通的能力。	帮助组员分析过去的经验，找到不足之处；技巧介绍。
15 分钟	帮助组员明白自制的重要性。	一个自制的游戏： 假如我要改变自己。
5 分钟	总结本次活动。	主持人与各组员重温本次活动的内容。
6 分钟		家庭作业：思考——独处时的自制。

所需器材：

纸，笔。

可能遇到的困难和解决方法：

在分享过往经验时，组员可能会感到尴尬而拒绝分享，可以采用相关案例讨论的方式，由工作人员事先准备案例，由组员讨论，举手表示是否有类似的情况。

寻找新的兴趣点

（时间为60分钟）

目标：

※ 帮助组员找到自己的兴趣，学会处理想做的和该做的事情之间的关系。

※ 认识兴趣、成就与满足感的关系。

时间	目标	内容
2分钟	让组员认识本次活动的目的。	由主持人介绍本节活动内容。
20分钟	帮助组员发现自己的兴趣所在。	小组讨论： 让组员回想在没接触电脑时自己的业余时间经常做些什么，有没有什么特长、爱好。
25分钟	讨论如何发展多种兴趣。	结合上次家庭作业，谈如何发展多种兴趣。让组员自己说出现在除上网外还对什么感兴趣，为什么觉得上网比自己其他兴趣更有吸引力。
3分钟	总结本次活动。	主持人与各组员重温本次活动的内容。
5分钟		家庭作业： 综合练习，去做自己想做和该做的事情。

所需器材：

纸，笔，个人爱好的东西。

可能遇到的困难和解决方法：

※ 在学习放松技巧的时候，组员的注意力可能不集中，工作人员在活动进行前强调小组规范，控制技巧学习的时间。

※ 提醒小组还有两次就要结束了，让组员做好离组前的心理准备。

进入有意义的生活

（时间为 60 分钟）

目标：

※ 认识健康生活。

※ 计划健康生活。

时间	目标	内容
8 分钟	重温上一节小组活动的内容。	谈体会（谈自己上一周的生活状况）。
2 分钟	让组员认识本次活动的目的。	由主持人介绍本次活动内容。
20 分钟	帮助组员学会从别人的角度去思考问题。	案例讨论。 换位思考：角色扮演，扮演新角色。
15 分钟	学习日常人际冲突的基本解决技巧。	案例讨论，成功经验分享。
5 分钟	总结本次活动。	主持人与各组员重温本次活动的内容。
10 分钟	了解组员的其他问题并于下次小组活动中解答。	派发纸张，让组员写下自己的问题，在下次小组活动中解答。

所需器材：

设计的案例，纸，笔。

可能遇到的困难和解决方法：

※ 换位思考对于组员可能要求太高，如果发现组员不能完成，工作人员要给予适当提示，引导组员思考。

※ 提醒小组还有一次就要结束了，让组员做好离组前的心理准备，开始处理离组的情绪问题。

总结

（时间为 60 分钟）

目标：

※ 帮助组员回顾小组内容，巩固所学知识。

※ 制订个人未来计划。

※ 安排组后跟进。

※ 后测。

时间	目标	内容
2 分钟	让组员认识本次活动的目的。	由主持人介绍本次活动内容。
20 分钟	解答组员的实际问题。 帮助组员了解可寻求帮助的资源。	总结组员提出的问题并在小组中讨论，并提供参考意见。 介绍可利用的资源给组员。
20 分钟	总结本次活动。	后测（再安排一个自控能力的小能力测验以及对第一节的游戏图的评讲）。 主持人与各组员重温本次活动的内容。 分享学习成果，回顾个人目标，进行对比。
8 分钟	展望未来。	作一次心理游戏： 想象一下 10 年之后的自己。
10 分钟	结束语。	或许可以让组员相隔一个月以后写一下对网络使用的现状的认识（E-mail）。

（附：如果条件允许，可以组织一次郊游，加深队员的交流以及能更好地使上网成瘾的组员摆脱以前的自我，回归现实。）

开设本小组所需资源和人员配备：

※ 小组手册的打印，组员人手一份。

※ 需要一间可容纳 10 到 12 人的活动房间。

※ 需要文具若干，笔和纸等。

※ 投影仪（如果有的话），手提电脑。

※ 茶水。

※ 录音笔。

经费安排：

※ 组员每人交纳 20 元，共 8 人；

小组工作人员每人交纳 20 元，共 5 人；总计 260 元。

※ 小组手册的打印，组员人手一份（10 元）。

※ 需要文具若干，笔，纸等（15 元）。

※ 茶水（30 元）。

※ 录音机，音乐磁带（150 元）（余额以备后用）。

工作进程：

※ 4 月 15 日至 5 月 15 日，为准备期。

※ 5 月 16 日至 7 月 10 日，把六次小组开完。

※ 7 月 11 日至 7 月 15 日，把总结工作做好，撰写报告。

“I’m OK”专业流动学生适应力成长小组

小组名称：

专业流动学生适应性成长小组

小组理念：

随着高校改革的不断深入，学生的自主选择机会越来越多，在进入大学之后还能够根据自己的兴趣和意愿进行专业流动（插班、转系、学第二专业等）。这无疑给了那些由于种种原因不能进入理想专业的学生一次重新选择的机会。其中，有许多同学为此努力了一年，终于如愿以偿地进入了理想的学校和专业。然而，在短暂的欢悦之后，一部分同学竟发现自己不知不觉地处在一个相当尴尬的局面：尽管经过认真自学，但毕竟落了一年的课，学习还是相当吃力；由于学籍和宿舍管理制度的脱节，使他们不得不留在原来的寝室，这样很不利于与新班级同学的交往；同时，和原来的室友和同学共同语言的减少、意见的分歧，甚至出于嫉妒导致寝室关系的紧张。这些现象的根本原因，是在于他们的适应能力较低，无法顺利地进行角色转换。

活动目的：

基于上述理念，本小组试图通过专业的手段，为专业流动的学生进行压力的释缓，分享交流遇到的问题和经验，提高适应能力与沟通技巧，使他们能够在较短的时间里顺利完成角色的转换，从而更好地投入学习之中。

理论依据：

1. 学习适应能力：班都拉（Albert Bandura）自我调试行为
2. 人际关系建立与破裂
3. 沟通技巧

（1）印象整饰。印象整饰是控制别人对我们形成各种印象的过程。

（2）心理感应抗拒理论。

（3）怎样消除偏见或歧视。

（4）人际吸引三原则：接近性；相似性；互补性。

（5）人际交往五原则。

（6）人际交往的改善。

招募对象：

1. 上海师范大学奉贤校区专业流动成功的学生

2. 招募方式：通过 bbs. shnu. edu. cn（上海师范大学“学思湖畔”论坛）招募。

3. 相关专业流动学生推荐和自愿报名

小组特点：

1. 活动人数：5 人～10 人

2. 活动次数：3 次

3. 活动时间：2 至 3 小时

4. 小组性质：封闭式，电话联系小组

5. 小组种类：发展性

6. 活动地点：教室

活动计划：

1. 逾越学习的障碍

活动时间	目标	内容
5 分钟	让组员懂得他们应享受的权利和应尽的义务（包括保密协议）。	学习条约，达成协议。
10 分钟	破冰。	游戏。
15 分钟	自我介绍。	游戏。

续前表

活动时间	目标	内容
20 分钟	分享经验，回顾过去。	组员各自谈谈自己转专业的过程，包括转专业的目的、准备、考试和转专业成功后的心情（注意：组员是第一次活动，较难直接谈出其内心困扰的问题）。
5 分钟	放松心情。	播放歌曲。
5 分钟	活跃气氛。	游戏。
35 分钟	讨论学习问题，互相提供意见。	谈谈在学习上碰到的阻碍或困惑。
15 分钟	提供较专业的理论指导。	组织者讲解：班都拉自我调试行为理论、《学习的适应》。
5 分钟	信息反馈。	总结活动。
（总计：115 分钟）		

2. 一个新的开始

活动时间	目标	内容
5 分钟	热身，舒缓情绪。	小游戏：串名字。
15 分钟	进入主题。	主题游戏：优点与缺点。
25 分钟	经验分享。	组员各自谈谈在新班级中与同学相处的点点滴滴，诉说自己的烦恼和困惑。
10 分钟	增加讨论的趣味性。	心理小测试。
15 分钟	提供较专业的理论指导。	组织者讲解：印象整饰；人际吸引三原则。
20 分钟	心理测量。	心理测量量表。
20 分钟	增强信心，增进小组团结。	结合个人实际问题，讨论学习问题的解决，并互相鼓励。
5 分钟	放松心情。	欣赏歌曲。
5 分钟	信息反馈。	总结活动。
（总计：120 分钟）		

3. 依然在你身边

活动时间	目标	内容
5 分钟	活跃气氛。	开场游戏。
10 分钟	进入主题。	主题游戏。
10 分钟	增加趣味性。	心理小测验。
15 分钟	切入主题，谈出问题。	讨论与原来专业同学的交往情况，诉说自己的困惑。

续前表

活动时间	目标	内容
20 分钟	分享经验。	为组员的问题出谋划策，相互鼓励。
5 分钟	放松心情。	小游戏。
5 分钟	增加小组的凝聚力。	合唱歌曲：《朋友》。
20 分钟	回顾小组，反思收获。	小组历程回顾。
5 分钟	信息反馈。	总结活动，以问卷形式自我评估。
5 分钟	友谊的延续。	（愿意的同学）互相留下联系方式。
（总计：100 分钟）		

协作单位：

1. 教务处——学籍管理、运输、统筹、分配、协调转系资料

目标：了解转系流程

2. 心理咨询室——心理辅导与咨询，提供心理量表及相关意见

附录

“I'm OK”小组招募单

你有专业流动的经历吗？

有人说：专业流动给了我改变命运的机会。

但也有人发出感叹：专业流动真不怎么样，在原来专业混得蛮好，现在成绩却大不如前了。

甚至有人大声抱怨站在了新旧专业之间，却同时被两者抛弃！

你也有专业流动的经历吗？你认同他们的观点吗？或者你有什么不同的见解吗？

“I'm OK”活动小组（社会工作学生组织）给你提供一个倾听与诉说的机会。在小组中，你可以结识有同样经历的他（她），共同分享专业流动的经历，畅谈学习和生活的酸甜苦辣。

活动性质：发展性小组

活动次数：每周一次，共 3 次。

活动时间：具体时间根据组员的作息时间再做统筹。

如果你对我们的活动充满好奇，希望了解更多情况或者愿意加入我

们，你可以随时与我们联系，方式是跟帖报名、发站内消息或发邮件至daphne1122@263.net。

你具有良好的处事风格吗？

1. 一般认为，安静的宴会远远胜过热闹的 （ ）

A. 是的 B. 不一定 C. 不是

2. 尽管有的人一向和你意见不合，但你们私下的关系仍然很不错 （ ）

A. 不是 B. 不一定 C. 是的

3. 你喜欢看电影或参加其他的娱乐活动 （ ）

A. 比一般人少 B. 和一般人差不多 C. 比一般人多

4. 在待人接物方面，你的确不太成功 （ ）

A. 是的 B. 不完全是这样 C. 不是

5. 不在万不得已的情况下，你总是避免参加那些应酬性活动 （ ）

A. 是的 B. 不完全是这样 C. 不是

6. 讨论时，你总是能把握住自己的观点 （ ）

A. 不是 B. 一般如此 C. 经常如此

7. 你单独和异性谈话时，总是显得不自然 （ ）

A. 是的 B. 不完全是这样 C. 不是

8. 你宁愿选择一个工资较高的工作，并且不在乎是否有保障，而不愿做工资较低的工作 （ ）

A. 不是 B. 不太确定 C. 是的

9. 每当做一件较困难的事时，你 （ ）

A. 相信到时候总会有办法解决的

B. 介于A、C之间

C. 总是预先做好准备工作

10. 在取回或借出东西时，你一般总要仔细检查，看是否保持原样 （ ）

A. 不是 B. 介于A、C之间 C. 是的

11. 当老朋友声明他要在家看书时，你总是能设法迫使他出来和你玩 （　）

A. 不是　　B. 介于 A、C 之间　　C. 是的

12. 无论是工作、饮食或外出游览，你总是匆匆忙忙，不能尽兴 （　）

A. 不是　　B. 介于 A、C 之间　　C. 是的

13. 本题下面列出的三个词，哪个与其他三个不同类 （　）

A. 狗　　B. 牛　　C. 石头

14. 你认为逢迎领导比工作更重要 （　）

A. 是的　　B. 不完全是这样　　C. 不是

15. 以“惊讶”相比“新奇”等于 （　）

A. “惧怕”相比“勇敢”

B. “惧怕”相比“焦虑”

C. “惧怕”相比“恐怖”

16. 当你见亲友或邻居为一些琐事争吵时，你总是 （　）

A. 任其自己解决　　B. 介于 A、C 之间　　C. 予以劝解

17. “理不胜词”的意思是 （　）

A. 理不如词　　B. 理多而词少　　C. 词藻华丽而理不足

18. 下面列出的三项中哪一项应接在“1222211222111”的后面（　）

A. 121　　B. 211　　C. 221

19. 猫和鱼就像 （　）

A. 牛和牛奶　　B. 牛和盐　　C. 牛和牧草

评分标准：

A—1 分；B—2 分；C—3 分。然后把各题的分相加。

如果总分在 30 分以上，说明你具备良好的处事风格，特别是在新的环境中生活你会较顺利。如果总分在 15 分以下说明你在处事方面尚未过关，需加把力。

交往水平自我测试

你善于交往吗?

在下面的20个问题中，你能迅速地判定你的反应吗?

我们把反应的情况分成5个等级，请按照你的实际情况，分别回答：A：总是；B：经常；C：不确定；D：偶尔；E：从不。

1. 我能自如地用口语表达我的感情 （ ）
2. 我能自如地用非口语（眼神、手势、面部表情等）表达我的感情 （ ）
3. 我在表达自己的感情时，能选择准确恰当的词汇 （ ）
4. 别人能准确地理解我口头和非口头所要表达的意思 （ ）
5. 我能很好地识别别人的感情 （ ）
6. 我能在一个封闭的朋友面前轻松自如地谈论自己的情况 （ ）
7. 我对他人寄予深厚的感情 （ ）
8. 别人对我寄予深厚的感情 （ ）
9. 我不会盲目暴露自己的秘密 （ ）
10. 我能与和我观点不同的人交流情感 （ ）
11. 不同观念的人常与我交流情感 （ ）
12. 别人乐于向我诉说不幸 （ ）
13. 我不轻易对别人做出评价 （ ）
14. 我明白自己在交往中的一些不好的习惯 （ ）
15. 当和别人讨论时，我善于倾听别人的意见而不强加于人 （ ）
16. 在将要和别人发生争执时，我能克制自己 （ ）
17. 当我心烦意乱时，我通过工作来排遣自己的烦恼 （ ）
18. 当别人带着问题找我时，我一般会告诉他该做什么 （ ）
19. 当我不同意一件事时，我会说出这样做的后果 （ ）
20. 我乐于公开自己的新概念、新技术 （ ）

解答：

这一部分回答A、B、C、D、E分别记1、2、3、4、5分。这部分的最大特点是能帮助你发现自己交往能力的优点和需要改进的地方。在这部分中，得分越低，说明你的交往能力越强；得分越高，交往能力越弱。如果你的总分在25分以下，说明你的交往能力在众人之上。这些能力是相互影响的，但不一定都是一致的。一个人可能某些能力较强，某些能力较弱。这些，通过自我测试之后，你就可以有针对性地发挥自己的优点，克服自己的弱点。

小组满意度量表

根据你的满意程度分为：

5—非常满意（大大超出我的期望、非常吻合）

4—较满意（超出了我的期望、比较吻合）

3—尚可（和我的期望相符、差不多）

2—不太满意（不符合我的期望、不太吻合）

1—很不满意（与我的期望很不同、很不吻合）

所评项目	评分	备注（你的意见）
你喜欢这次小组活动		
你觉得这次活动和你的预期相比		
你觉得聚会中大家互相信任和坦诚		
你觉得在小组中有倾诉的机会		
你觉得全体组员得到平等的学习和发展		
你从活动中得到了有益的经验		
你觉得小组活动的气氛		
你觉得小组活动缓解了你的情绪		
你觉得游戏与活动主题吻合		
你的疑惑得到解决		
你的适应力（自觉）得到提升		
活动过程和谐愉快		
请用一两句话评价一下这次活动：		
请用一两句话评价一下社工的表现：		
你认为下一次活动可以改进的是：		

谢谢你的合作！

填写人：________

小组工作记录表

小组名称	
第__次聚会	
小组工作人员姓名	
聚会时间	__月____日　__午__时__分始～__时__分止
聚会地点	
天气状况	
出席组员	
缺席人员	
理由	
指导者	
活动内容	

“和你在一起”小组

一 小组理念

人际交往是人们社会生活的重要内容之一，自我的发展、心理的调试、信息的沟通、各种不同层次需求的满足、人际关系的协调，都离不开人际交往。每个人都希望自己善于交往、都希望通过交往建立良好的关系，这些良好的关系可以使个人在温馨怡人的环境中愉快地学习、生活和工作。而在当代大学生中，人际交往却成了有些人的困惑和难题，通过观察和总结，这部分人大致可分为以下几类：

（1）缺少知心朋友。他们通常多能正常交往，人际关系也不错，但感觉缺少能互吐衷肠、肝胆相照、配合默契、同甘共苦的知心朋友，因此他们不免感到孤独和无奈。

（2）与个别人难以交往。他们与多数人交往良好，但和特定个人相处不良，可能是室友、同学或父母等特定他人，由于相处不好，常会影响其情绪，成为一块“心病”。

（3）与他人交往平淡。这类同学交往面比较宽，但都是浅层次的交往，没有影响力，彼此缺乏必要的沟通和了解，并没有产生友谊，这种人际关系难以满足要求，所以他们多会感到空虚、孤独和失落。

（4）感到交往有困难。他们渴望交朋识友，但由于交往能力有限、方法欠妥以及本身个性缺陷和交往心理障碍等原因，致使交往不尽如人意，感到苦恼，希望改变。

（5）社交恐惧症。这类同学对人际交往过于敏感、害怕，极力回避与人接触，交往中有紧张、恐惧、面红耳赤、心跳加速等现象出现，常陷入焦虑、自卑的情绪，严重影响其正常生活和成长。

(6) 抵制交往。前几类都有交往的愿望，而这类同学则比较缺乏这种愿望和动机，他们故意自我封闭、孤芳自赏或存有怪癖。

大学生正处于青年期的初、中阶段，其性格日趋成熟和稳定，其价值观、世界观基本形成，在很多问题上都表现出自己独特的观点和立场，并且易趋固执，有一定程度的坚持性。因此，他们在人际交往中需要一种宽松和自由的环境。大学生在具体交往中表现出以下特点：以人格平等为基础；交往对象、范围、内容、方式的开放性；较单纯的精神性；期望值与理想较高；交往中的主动性及合作意识较强。一部分同学由于很少融入一些实际活动中，导致不能形成合理的自我评价，也就对自己在所处环境中的地位与角色不能正确认识。因此，在具体的交往活动过程中便出现了各种“交往不适症”或“交往综合症”。经历各种酸甜苦辣的心理感受，给他们留下一些阴霾；严重者心灵扭曲，精神紊乱，甚至自伤或他伤，给自己、他人、家庭、学校、社会都造成不可估量的伤害。

我们设计和即将实施的这个小组，就是让组员在小组活动过程中认识自我和他人，了解和学习人际交往的原则、理念和方法，体验人际交往的感受，与他人友好互动，从而解决自身在人际交往中存在的困难和问题，增强自信心和对集体的认同感和归宿感。

二　理论架构

根据马斯洛的需求层次论，如果个人生理和安全的需要都得到满足了，那么就会出现感情、友谊和归宿的需要，如渴望父母、朋友、同学等对其表现爱护和关怀、温暖、信任、友谊以及爱情等。他们还渴望自己有所归属，被人承认和认同，成为集体中的一员。交往动机是个人交往行为的内部动力，是引起交往活动的直接原因，而交往需要又是交往活动的基本动力，是动机产生的基础。同时，斯普兰格（E. Spranger，1924）将青年期形容为“第二次诞生”。在这一时期，人的社会生活领域不断扩大，人际关系不断复杂起来，也开始学会深化体验人际关系的内涵，并希望能熟练掌握与人交往的艺术。美国心理学家舒茨在《人际关系三维理论》一书中，提出了人际交往的三种基本心理需求倾向是包容、情感和控制，并在人格特质观点的基础上阐明了这种人际交往的三维倾向，呈现出主动型人格特质的行为表现和被动型人格特质的行为表现。人际交往的心理基础包括认知、情感和言行。认知是人际交往的前提，人与人的交往首先通过感知、认识、理解才能建立一定的关系。情感是人际交往的调控因素，如满意、厌恶等。言行是人际交往沟通的手段，即通过言、情、姿、行等达到交往的目的。在小组活动中，组员在工作人员的引导下，注意理解和把握人际交往的相关理论，加深对自我的认识，改正自身人际交往中存在的缺点，学习并掌握一些人际交往的艺术技巧，以提升认识，学会与人沟通，改善人际关系，表达自我，完善自我，超越自我。

三 目标及目的

小组目标： 提高组员的人际交往能力，建立和改善其人际关系。

小组目的： 引导组员认识人际交往的重要性，从而为寻求良好人际交往进行积极的自我探索和行为认知。

在活动过程中增强和改善组员间的沟通交流，积极运用各种交往技巧。

鼓励组员积极地进行良好的人际交往，在此过程中学习、反思、提高和成长。

服务对象：

特点：希望提高人际交往能力和改善人际关系的同学

性质：学习性和发展性小组

节数：6 节

人数：8 人

日期：2004 年 11 月 15 日至 2004 年 12 月 26 日

时间：待定

地点：待定

招募方法：

各小组工作人员与该班级的班主任协商在各班进行前期活动宣传，各班班长负责统计报名人数和登记姓名。

在院宣传栏内张贴招募海报。

若人数过多则先对报名者进行了解，然后筛选部分报名者入组，若报名人数不足，工作人员可根据前期调查结果亲自邀请符合条件的同学参加。

活动内容：

嗨，你好

主题：小组的形成和组员间的相互认识

个别活动时间	地点	目标	内容	所需物资
3 分钟	待定	工作者和组员间的认识。	工作者进行自我介绍。	
20 分钟		组员间有初步认识和了解。	分两人一组进行自我介绍。 组与组间进行交流。 游戏："我是"和"我知道"。 规则：第一个拿球的人介绍自己："我是×××"，然后将球传给另一个人，并说出他的名字："我知道他是×××"。	气球 2 个，细线少许。
5 分钟		澄清组员的疑问。	工作者介绍此小组的内容和目的。 回答组员的提问。	
15 分钟		制定小组规范，使组员产生信赖感和安全感。	工作人员与组员共同商量制定小组协约。	A4 纸一张，彩笔若干。
7 分钟		使组员感受小组的凝聚力，体验团体合作完成任务的过程。	游戏"踩报纸"： 要求组员在规定的时间内按要求全部站到叠成 16 开大小的报纸上（组员的身体的其他部位不能触地）。	报纸一张。

续前表

个别活动时间	地点	目标	内容	所需物资
20分钟		展现个人能力和小组的整体合力，提高组员合作精神。	游戏“图画接力”（所有组员共同完成一幅画，并讲述其含义和意境）：组员轮流在纸上循他人的笔调继续追随或自创以丰富作品内容；依次讲述自己的内容含义和意境。	大画纸一张，彩笔若干。
5分钟		使组员意识到“这个小组”已经是“我们的小组”。	要求组员用最简单的话真切地描述小组。	
3分钟		让组员间加深印象，同时让他们意识到记住别人的重要性。	作业：要求组员回去后，记录今天所认识的朋友和他们的一些特征（可用文字描述或作图）。	

认识我，走近你（一）

日期及整节活动时间：（第 13 周）2004 年 11 月

主题： 自我探索与分享

个别活动时间	地点	目标	内容	所需物资
15 分钟	待定。	认清价值观，修正信念。	游戏“价值拍卖”：用小卡片列举一些人们在社会生活中比较重要的东西，模拟拍卖会，组织组员进行竞价抢购。	纸片若干。
10 分钟		自我公开。	游戏“生日快乐”：要求组员四处走动，找出同月出生的人，按此分组，然后让他们按先后顺序说出自己的生日。	
20 分钟		鼓励组员开放自己。	自画像，并在旁附上自己的特征说明；把画像打乱分发，让其寻找画的主人；对自己的画向大家说明。	纸和彩笔若干。
20 分钟		释放自己，自我公开。 加强组员之间的信任度。	游戏“我的秘密”：让组员写出自己需要改正和发扬的特点，并大声念出来。其他组员对其缺点提出建议，与大家共同分享。	纸笔若干。
15 分钟		增强组员之间的相互了解和交流，寻找相似处。	每个组员寻找一个自己想了解的组员进行自由交谈。 作业回馈：与上次比较有什么新的认识和了解。	
3 分钟		了解自己在别人心中的印象。	作业：收集别人对你的印象。	
10 分钟		让组员表达对这次聚会的感受并分享，工作者记录并改善。	让组员自由发表对这次聚会的看法和感受。	

认识我，走近你（二）

主题：自我行为的认知和人际交往过程中各种行为的认知

个别活动时间	地点	目标	内容	所需物资
15 分钟	待定	自己了解自己，让别人了解自己，让自己了解别人。	作业反馈：别人对我的印象。	
10 分钟		鼓励组员进行积极的、主动的人际交往，走出人际交往的第一步。	让组员列举不同的见面方式； 对其进行表演 。	纸笔若干。
15 分钟		人际交往中的各种行为的感性认知。	列举在日常生活中喜欢或讨厌的行为或词语； 按感情色彩从重到轻进行排序。	纸笔若干。
30 分钟		引导组员面对自我、肯定自我。	游戏“重点轰炸”：让每一位组员到组中接受别人对你前几次小组活动中的行为表现的评价，被评价者不能回话。然后工作者带领组员讨论其自己的真实感受。	
20 分钟		鼓励组员勇于表达自我，并了解组员的真实感受。	游戏“我在想什么”： 让每一位组员写出或画出自己现在的真实感受和心理状态； 工作者请每位组员发表自己对每幅作品的看法和理解； 原作者表达自己的真实创作意图。	纸笔若干。
2 分钟		鼓励组员积极主动地进行人际交往。	作业：认识和结交两个新朋友。	

假如我是你

主题：同理心探讨——学习从他人的角度思考各种人际关系问题

个别活动时间	地点	目标	内容	所需物资
15 分钟	待定	让组员认识更多的朋友，促进其社会交往。	作业反馈：介绍认识的新朋友。	
10 分钟		感受不同的人对同一事物的不同理解。	游戏“撕纸”：每位组员拿一张纸放在身后，按工作者的口令撕纸；分享：为什么每个人撕出来的都不一样?	纸张若干。
10 分钟		让组员感受同种行为的不同表达方式，鼓励组员自我表现。	游戏“路过”：全部组员站成一排，让排头的组员以自己的方式从队伍前经过，轮流进行；组员表达自己的感受并分享。	
30 分钟		增强同理心。	游戏“角色扮演”：组员按准备好的几种情景（角色冲突和角色互换）分配好扮演的角色，并将此情景展现出来。	描述情景的小卡片若干。
15 分钟		训练组员处理问题的能力。	针对前面的游戏或增加其他情境，用“大脑激荡法”鼓励组员想出解决方法。	
2 分钟		自我探讨。	作业：找一首自己喜欢或适合自己的歌曲。	
5 分钟		了解组员的感受。	组员简单陈述对此次聚会的感受。	

心之桥

主题：学习各种交往技巧（信任、合作、沟通、理解等）

个别活动时间	地点	目标	内容	所需物资
15 分钟	待定。	了解组员所思所想。	作业回馈：请组员演唱自己的歌曲。	
10 分钟		培养对小组和他人的信任。	游戏“扶倒实验”。	
15 分钟		体会沟通的重要性和团队的合作精神。	游戏“巧解千千结”，并分享感受和体验。	
15 分钟		让组员在游戏过程中体会竞争和合作的意义。	游戏“夹球赛跑”：两人一组，背对背夹住一个气球，按口令赛跑，未犯规且用时最少者获胜。	气球、小礼物若干。
10 分钟		加强组员的人际交往，培养默契感。	游戏“盲人拾物”：两人一组，A 用布蒙住眼睛，B 在某处置物，A 在 B 的语言引导下拾起该物，结束后分享。	布和小物体。
15 分钟		反思和成长。	请组员说出其他组员在参加小组前后的改变和收获。	
5 分钟		活动总结。	工作者介绍一些关于人际交往的书籍或资料。	
5 分钟		处理离别情绪。	提醒组员小组已接近尾声。 通知下次户外活动相关事宜。	

和你在一起

主题：“结业典礼”和祝福

日期及整节活动时间：（第 17 周）2004 年 12 月

个别活动时间	地点	目标	内容	所需物资
2 到 3 个小时。	待定。	巩固情感和友谊成果，结束小组。	户外烧烤或郊游：互相评价和鼓励；探讨人生规划和前程；彼此赠送写有祝福语的小卡片和小礼物。	

所需资源：

人力：汽车系实习组员，按实习专业分为 3 个小组，每组 3 人，其中组长、协助员和记录员各一名。

物资：游戏材料（10 元/组）；烧烤/郊游（20 元/人）；卡片/礼物(2 元/人)。

工作日程：

日　期	任　务
第 11 周　周三	约见指导老师进行活动计划的指导和修改； 各工作人员约见各班班主任，协商具体实施方案； 在各班进行有关活动的前期宣传。
周四	约见汽车系相关老师，提交活动计划并听取其意见或建议。
第 12 周　开组前	开始招募并接受报名； 筛选、确定并约见参加者，进行组前聚会和筹备小组工作。
第 12 至 17 周	小组实施。
第 16 至 18 周	反思和跟进工作。

应变计划：

预计困难	应付对策
招募不足参加者。	亲自邀请符合条件的同学入组。
报名者过多。	筛选部分更合适的同学入组。
中途发现有组员不适合。	考虑进行个案辅导或转案送至心理辅导中心。

评估办法：

※ 在开组前进行人际关系的诊量，小组活动最后一节让组员对自己组前组后作综合评价，以比较其是否有所改变；

※ 每节的最后让组员分享体会和感受；

※ 根据工作者在小组进行过程中的表现，进行分析；

※ 对出席率及参与、投入程度等作评估；

※ 通过与组员的倾谈来知道他们对小组的感受和意见。

快乐耆年——空巢家庭老人社会支持小组

小组名称：

快乐耆年——空巢家庭老人社会支持（Social Support）小组

构思基础：

（1）上海市目前有老年人236万，占全市总人口的19%，其中生活半自理和不能自理的老人有28万，而80岁以上的老人更超过22万，其中不少都是“空巢家庭”的老人。在一些居民小区或是高校的宿舍区，常能看到孤独的老人相互为伴。专家认为，这些老人不仅生活上需要得到照顾，而且经常的孤独令他们心情郁闷，患有不同程度的心理疾病。

（2）根据秀苑居委会提供的社区人口资料显示，2 400户居民只有5 000人，而且老人占比较大的比例，且有不少是空巢家庭的老人。

（3）我们根据秀苑居委会提供的空巢家庭老人进行社区访谈，了解到老人的物质生活非常充裕，子女都各自成家，工作繁忙，来探望的时间较少，生活在同一个小区的朋友和亲戚较少，也较少参加社区或外界的活动。因此一般待在自己的家里看电视，喝喝茶，做点家务等，比较单调。有的老人独居因为慢性病发作心情比较烦躁，而这时又没有人陪伴在身边，渴望与人交流。

（4）在构思有关空巢家庭老人社会支持小组时，需要对以下两个概念进行说明。

空巢家庭：子女、孙子女与老人不同吃同住半年以上的家庭。

有关社会支持的概念很多，我们参考阿尔布雷特和阿德尔曼的定义：社会支持是指在提高者和接受者间的语言和非语言的沟通，而这些沟通是可以减低其对处境、自我、他人或者关系上的未知性，是促成个人对生命经验的认知。

（5）理念：按照个体发展的综合特征，美国发展心理学家埃里克森提出了生命周期理论。他把人生分为八个阶段，在人生的每一个阶段上，个体都面临着独特的心理成长的任务，其中老年阶段要获得自我完美感，克服悲观心理。

斯皮理和梅耶运用生命历程理论分析了个人和家庭生命历程中的需求、问题和危机，及社会工作所发挥的功能，认为在老年期（65岁以上）有如下需求、问题和危机，及社会工作所发挥的功能：

生命任务：面对身体老化，准备退休生活，适应亲人去世，重建新的人际关系与社会角色，面对死亡。

需求：再就业，安老，自我尊严，参与社会生活。

问题与危机：适应困难，沮丧，疑心，自怜，孤单无依，绝望无助，恐惧死亡。

社会工作功能：养老保险与社会保障，老年社会服务，老人社区照顾，收养服务，老年社区文娱活动，就业服务。其实质是在社会环境中建立社会支持系统，协调社会资源。

小组目的：

提供机会让老人彼此交往和沟通，为空巢家庭老人提供社会支持网络，缓解老人的失落和孤独感。

小组目标：

（1）增加老人参加活动的兴趣；

（2）增加组员相互了解程度，指标如下：知道组员的姓名；知道组员的家庭住址；知道组员的个人资料，如年龄、学历、喜好等；与其他组员一起活动，如做游戏。

（3）参与小组，讨论有关人生体验。

（4）知道有关社区内提供养老服务的资源所在。

（5）成为自己及组员的支援系统之一。

小组相关背景：

（1）小组性质：发展性小组。

（2）小组活动周期和频率：小组活动八次，每周两次，每次持续一个半小时。

小组介入：

A. T. 贝克认为，认知治疗是以认知模式为基础的。该模式假设，人的感情和行为受他们对事件的知觉的影响。这种影响不是取决于他个人的感觉而是取决于人们自身构筑的情境。在这个模式中，个体的信念是贯穿始终的概念。最中心的或称核心信念是根深蒂固地被接受的，即使这种核心信念他们本人不能清晰表达，但自己却认为这些信念是绝对真实和正确的。

例如，老人认为自己年事已高，反应迟钝，记忆力减退，不能接受新鲜事物，他的核心信念可能是“我不能胜任”。当这个核心信念占主导地位时，老人便会以这个信念为主线解释其他问题。

组员招募：

（1）社区张贴海报招募。

（2）居委会的推荐。

（3）社区访谈的对象。

（4）招募组员的考虑因素：空巢家庭老人（丧偶、独居）；少朋友；少外出。

组员以背景相似的老人为主（年龄60岁以上，有一定的文化水平、一定的活动能力），但也安排一至两名的活跃分子以缓和沉闷的气氛。

工作安排：

原则上每周集会两次，具体活动的时间视社区安排和老人的实际情况而定。

小组集会的时间：原则上无规定，上下午皆宜。

上午：9：15至10：45

下午：2：15至3：45

小组主题（共八节）：

第一节：相互认识

第二节：建立小组关系

第三节：了解成为空巢家庭以后的生活经验

第四节：认知忧虑和恐惧

第五节：处理失落和孤独感

第六节：发掘自身的支持系统和优、缺点

第七节：开始认识社区资源及小组支持

第八节：提供一个完整总结

预期困难和建议：

1. 内容比较沉闷

（1）工作人员不断做出评估和作适当的修改。

（2）工作人员应以活泼轻松的形象出现，在说话方面应较风趣幽默。

2. 参加人数不足

广泛深入社区，并充分借助社区工作者的力量

3. 中途退出（由于自然和人为因素）

（1）如果是人为因素尽量劝说其勿要退出。

（2）选择好替补对象。

经费预算：

纪念品、日用消费品，估计约人民币 250 元。

评估方法：

（1）组前/后问卷：以简易的问卷形式找出参加者对这次活动的反映（问卷见附录）。

（2）每次活动过程中工作人员应认真观察每个组员的变化并记录下来，为下次活动做好准备。

（3）在最后一次聚会中，直接听取参加者的意见，但工作人员需要提高注意，以防只听取老人正面的回答，工作人员应引导他们提出如何改善此活动的建议。

附录

组前/组后面谈个别组员问卷

面谈组员：**A B C D E F G H**

第一部分：相互了解程度

1. 看相认名字

2. 组员认识：年龄、地址

3. 共同活动

4. 上门探访

5. 深入交流：家事、个人问题

第二部分：沟通能力工作人员观察：双方沟通的能力 、沟通的内容

最差				最好
1	2	3	4	5

第三部分：支持网络

1. 如果你不开心，你会找谁倾诉？

____

2. 他/她是否能帮助你？

____

小组工作具体计划书

相互认识

目的：

※ 了解小组的目的。

※ 了解组员对小组的期望。

※ 建立小组形象：佩带徽章或胸卡。

※ 组员相互认识。

※ 建立两人小组。

活动时间：约 90 分钟

活动名称	活动内容	活动目的	时间	准备工具
简单介绍	工作人员首先自我介绍； 解释开组的目的； 要求组员们用一句话表达他/她参加小组的感受，工作人员首先以身作则，以便组员们参考。	让组员认识工作人员； 让工作者了解组员对小组的期望。	15 分钟	
组成两人小组	组员们自由组合成两人小组，然后以访问形式认识对方，例如，在五分钟内要取得对方姓名、年龄、家庭住址、子女数目等。	组员相互认识。	15 分钟	
角色交换扮演	A组员在B组员旁边，介绍B组员的资料，而B组员则配合口形，不准发声。	加深相互间认识。	15 分钟	
游戏：画面孔	用微波炉碟左右打孔，用橡皮筋串好面具； 组员两人分成一组，各自带上面具； 互相替对方用彩笔画上眼、耳、口、鼻； 最后，与各组员分享面谱内容。	加深相互间认识； 活跃气氛； 为小组关系建立奠定基础。	20 分钟	微波炉碟、彩笔、橡皮筋。
分享感受	组员们相互反馈其他组员的感受（正面及反面）及首次聚会的经验。	了解组员对首次聚会的感受； 总结此次聚会； 为下节小组活动提供意见。	15 分钟	

建立关系

目的：

※ 加强两人小组关系。

※ 发展小组的融洽关系。

※ 建立小组的信任感。

活动时间： 约 80 分钟

活动名称	活动内容	活动目的	时间	准备工具
热身游戏：按摩大联盟	两人小组组员彼此按摩； 三人一组按摩。	放松筋骨； 加强两人小组关系。	10 分钟	
两人小组组员问彼此三个较特别的问题	你最喜爱的兴趣和嗜好是什么？ 你未完成的抱负是什么？ 你觉得自己拥有最好的品格是什么？	加强两人小组关系； 发展小组的融洽关系； 建立一种信任感。	40 分钟	
美食大餐	每位组员均定为一种食品名称，例如牛肉、虾肉； 工作人员每次抽出预先写下的菜名，例如西芹牛肉，则西芹和牛肉的组员需要手拉手站在一起，其余在分开而站。	建立良好关系； 增加合作精神和凝聚力。	15 分钟	小卡片，彩笔。
分享经验	组员重返大组，分享第二次聚会的经验。	工作人员了解组员的感受； 组员为小组的发展提供建议。	15 分钟	

了解成为空巢家庭以后的生活经验

目的：

※ 了解一个人的生活状态。

※ 了解保持一个人生活的方法。

活动时间： 90 分钟

活动名称	活动内容	活动目的	时间	准备工具
分享生活体验	日常生活安排； 朋友间交往； 子女联络。	了解彼此的生活状态。	10 分钟	
表达关心	在分享孤独体验时，由组员向倾诉者握手或者轻拍肩膀。	显示组员间的关心； 组员之间的支持。	5 分钟	
讨论有关兴趣	你现在如何调节自己的生活； 在调节你的生活时你原有的兴趣是否得到发挥； 请举例说明你是如何维持或增加你的兴趣的。	了解一个人的生活方式； 了解如何保持原有的生活状态； 为其他组员提供参考方法。	30 分钟	
热身游戏：健身操	由工作人员带领组员做四节简单的健身操。	放松筋骨。	5 分钟	
讨论有关接纳自我的问题	在你的生活状态上你愿意做出什么改变呢？ 你是否觉得现在生活较以往容易，可以随意而行？	了解对一个人生活的生活态度。	30 分钟	
总结	组员们相互反馈，讨论在这节中最宝贵的地方是什么。	学习组员比较积极的生活态度； 为下次小组活动做准备。	10 分钟	

认知恐惧

目的：

※ 了解忧虑及恐惧的感受。

※ 讨论有关减轻恐惧感的方法。

※ 讨论有关导致恐惧感的情况的实际解决方法。

活动时间： 90 分钟

活动名称	活动内容	活动目的	活动时间	准备工具
热身游戏：抛球 想象进入一个全黑环境	抛球：A 组员叫 B 组员的名字，并要求 B 能把球接住，然后说一句祝福的话； 工作人员让组员紧闭双眼想象进入一个伸手不见五指的无人环境，有什么样的感受。	创造一种气氛，并引导到主题上。	15 分钟	小皮球。
介绍	总结刚才活动的感受，引导到此节讨论主题上； 工作人员提出日常生活中可能产生焦虑的事物，如健康不佳，经济不良，对未来的恐惧等。	让组员了解可能导致恐惧的生活事件。	10 分钟	
想象空间	工作人员要求组员闭上眼睛，然后回想过去一周或一个月内是否经历过忧虑或恐惧； 当组员们仍然紧闭双眼时，工作人员问他们以下问题： 什么念头引发哪些忧虑？ 忧虑令你有何生理反应，例如头痛，背痛。 当你感到疑虑、恐惧或忧虑时你希望自己能够做些什么呢？	让组员回忆曾经经历的忧虑或恐惧。	15 分钟	

续前表

活动名称	活动内容	活动目的	活动时间	准备工具
分享经历	让组员们睁开眼睛并与其他组员分享经历。	了解组员的体验；了解组员处理的方法。	20 分钟	
学习处理方法	解释如何运用松弛方式或焦虑处理方法改变这些不安念头。	组员学习其他组员积极的处理方法；工作人员提供参考的方法。	20 分钟	
总结	要求组员分享他们在这次聚会中所经历的正面和负面反应。	总结聚会中的经验。	10 分钟	

处理失落感和孤独感

目的：

※ 让组员自由表达其失落感和孤独感。

※ 促进组员认知失落感和孤独感，以培养其情绪适应和自我调节的能力。

活动时间： 约 90 分钟

活动名称	活动内容	活动目的	时间	准备工具
总结前四次活动	在此次活动开始之前，分发小卡片给每一位组员，让组员对其他组员说一句贴心话或鼓励的话，对小组前四次活动说一句印象最深刻的话； 发出已写好的小卡片，让每一位组员有五分钟时间阅读，然后挑选出一二张卡片上你最喜欢的话与组员分享。	回顾前阶段的活动，凝聚更深信任与友谊； 分享参加此小组的心得与收获。	15 分钟	卡片 n×n 张（n 为组员人数）
热身游戏：短语接龙	你说“很久以前”，第二个人也许接着说“我……”。继续这个故事，让故事顺其自然地发展。	创造轻松氛围； 增加小组凝聚力和合作精神。	15 分钟	音乐伴奏。
情绪气象台	工作人员事先在工作室内四面墙上张贴海报：“好的感受”、“没有什么的感觉”、“难以说清”、“不好感受”； 邀请第一位组员分享生活中曾经经历过的事件：“……当时我的心情是……”工作人员请其他组员试想：假设自己是当事人，现在遇到这件事，自己的心情是怎么样，并选择四面墙之一坐下； 工作人员引导当事人邀请每面墙的一二位组员分享，说明为什么会有如此心情； 工作人员带领组员讨论并以积极态度认识过往的经历。	帮助组员探讨认知与情绪的关系； 促进组员改变认知思考，以培养其情绪适应和自我调节的能力。	50 分钟	白纸、黑笔。
总结	工作人员总结此次活动。	分享感受； 准备下一次活动。	10 分钟	

发掘自身的支持系统及优、缺点

目的：

※ 了解组员在体力及情绪上所依赖的对象。

※ 考虑某些组员的优点和缺点。

活动时间： 90 分钟

活动名称	活动内容	活动目的	时间	工具
热身游戏：我是“007”	A 组员声称自己是“我是‘007’，我要打中××”，双手举成枪状，被打中的人佯装倒下，旁边左右两位组员则大叫：“啊……”	活跃气氛。	10 分钟	
解释和描述支持系统	工作人员解释支持系统的意义； 工作人员描述自身的支持系统。	让组员了解支持系统的意义； 工作人员的示范作用让组员更明了。	15 分钟	
讨论	假如你想与人交谈时你会找谁？ 假如你要人帮助做家务时你会找谁？ 假如你突然病倒时你会找谁？ 假如你病后在家休养你会找谁来照顾？	了解组员在有需要和问题时，他们的支持系统有多少？	40 分钟	
游戏：成语扮相	工作人员先行示范，然后说出其中一句成语，由组员做出相应的动作： 同心协力：A、B 双方面对面互相握手； 反目成仇：A、B 双方背对背地站着； 守望相助：A、B 双方左、右手交臂转一圈后，站立在原来的位置； 落井下石：A 方低下头背向 B，B 方举起双手作石头状面对 A 方。	体验游戏的意义； 加深对系统的认识。	15 分钟	
总结	要求组员分享他们在这次聚会中的正面及负面反应	分享感受； 为下次活动准备。	10 分钟	

开始认识社区资源及小组支持

目的：

※ 讨论在有需要时社区有哪些资源可以利用。

※ 显示组员间的相互了解、关注及支持。

※ 让组员共同分享快乐时刻。

※ 预备小组总结。

活动时间：90 分钟

活动名称	活动内容	活动目的	时间	工具
介绍社区可以利用的社会资源	工作人员介绍社区现在有关养老服务的情况，欢迎组员咨询及补充； 介绍其他社会性支持。	让组员了解社区中可以利用的社会性支持。	45 分钟	有关老年服务和社区服务的资料。
感受大轮盘	工作人员让组员围坐在一张桌子边，桌子上放有感受轮盘； 每一位组员分发一个信封，内装有十张便条； 每一位组员轮流把自己对某一位组员的感受插在感受轮盘上该项感受格内（两张便条，一张是组员自己的，一张是另一位组员的）。	了解组员参加活动的感受。	15 分钟	信封、便条纸盒。
总结	工作人员让组员就此次聚会的活动相互做回应，讨论有哪些地方对自己有帮助，也可以分享一下其他组员对你在某些感受上的支持作用。	为组员提供社会支持； 了解组员间相互支持的作用。	15 分钟	
拍照	全体组员和工作人员留影。	纪念意义。	15 分钟	照相机、胶卷。

提供一个完整的总结

目的：

※ 确定组员间的价值。

※ 为整个小组活动做总结。

※ 为组员解释小组未来发展方向。

活动时间：80 分钟

活动名称	活动内容	活动目的	时间	工具
选举心爱照片	让组员选择上次拍的心爱照片。	相互欣赏和馈赠。	10 分钟	
小组总结和探讨	工作人员让组员们就以往的每节活动内容、形式提供参考意见； 工作人员和组员一起探讨所提出的意见。	总结小组好的和不足之处。	40 分钟	
开心巧克力	工作人员解释开心巧克力的含义； 包括工作人员在内，每人分发一袋巧克力； 让组员互相派发巧克力，并说："当你分发完所有巧克力时，便要等别人再发给你了。"	组员表达彼此的关心。	15 分钟	曲奇饼干。
组员自我总结	每一位组员就本身感受作一个总结。	确定组员价值。	15 分钟	

安全教育小组

小组名称：

安全教育小组

小组目的：

使农民工子弟小学学生懂得如何自我保护以及一些基本的突发事件处理方法，增强其自我安全意识。通过小组活动：

(1) 使组员加强自我保护意识。

(2) 使组员注意到身边的安全隐患。

(3) 教授组员安全知识及突发事件处理方法。

(4) 希望组员掌握一定安全知识后，能传达给身边的伙伴及家长。

组员的选择标准：

(1) 9至12岁的农民工子弟小学学生。

(2) 家长平日较少进行安全问题教育的学生以及居住环境安全隐患较多的学生。

(3) 男女性别不限，人数为6至10人。

招募方法：

到一所农民工子弟小学进行宣传，有兴趣的学生可自愿报名，再进一步根据服务对象特点进行筛选。

理念：

近年来，青少年安全事故屡有发生，而其中农民工子弟群体占了绝大部分比重。由于农民工家庭生活负担重，家长整天忙于生计，照顾孩子的基本生活已经应接不暇，进而疏忽了对孩子的安全教育。即使有些家长想对孩子进行安全教育，但其本身的文化程度低，不能对孩子进行正确的安全教育。随着外来农民工不断涌进大城市，城市中农民工子弟数量势必将大大增加。所以，对这些青少年的安全教育是非常必要而且是刻不容缓的。我们组织这个小组就是希望教授组员一些基本安全知识及紧急救助方法，通过图片解说、现场演习、组员讨论等方法，使组员能更好地记住安全知识，并鼓励其向身边的同学传授、宣传，使组员本身从一个学习者转变为一个教授者。

活动内容：

行前讲习

个别活动时间	地点	内容	目标	所需物资
10 分钟		小组工作人员自我介绍，组员自我介绍。	使组员与工作人员互相认识。	
15 分钟		游戏：找镜子。	深化组员之间的认识。	板凳。
10 分钟		让组员谈谈曾经遇到过的事故。	引导组员关注主题。	
10 分钟		让组员谈谈已知的安全知识。	引导组员进入主题。	
20 分钟		介绍小组目的、内容，以及制定小组规范。	使组员具有集体感。	

交通消防安全

个别活动时间	地点	内容	目标	所需物资
10 分钟		讨论：组员所知道的交通安全知识； 出示安全教育图片。	增进组员之间的交流； 让组员了解基本的交通法规和知识。	
15 分钟		场景设计：过马路。(找错误)	使组员在找到错误的同时进行分析； 使他们能够清楚地知道如何正确、规范、安全地过马路。	小道具(交通信号灯示意图)，不干胶，报纸，桌椅。

续前表

个别活动时间	地点	内容	目标	所需物资
10 分钟		讨论： 消防小常识； 认识消防标志。	普及基本的消防知识，例如：如何报火警、火警电话等；使组员认识一些常见的消防标志。	播放如何报火警的 FLASH 短片(如果条件允许)，图片。
10 分钟		灭火器的使用。	使组员学会使用几种不同的灭火器。	干粉灭火器，泡沫灭火器。
15 分钟		场景设计：紧急逃生。	告知组员如何应对火灾的发生。	手帕等道具，报纸(匍匐爬行用)。

玩耍安全

个别活动时间	地点	内容	目标	所需物资
10 分钟		讨论： 放学后去哪里玩?	了解组员放学后最常去的是哪些地方，判断是否会发生危险。	
25 分钟		看图讲故事： 工地、小池塘边、公路边。	社工先给组员做示范，然后再让组员看别的图，自己编故事，更直观地让组员了解可能发生的危险。	彩笔、卡纸绘成的图片，奖品。
15 分钟		道具演示： 小池塘到底有多深?(将盆中的水染成深色，并将外面遮挡起来，让组员猜水到底有多深) 木堆底下到底有什么?(用纸卷代替木条堆起来，在下面放置图钉、小石子之类的东西，在不揭开纸卷的情况下让组员猜底下有什么)	让组员知道，表面上毫无异常情况却可能隐藏着潜在的危险。	脸盆，颜料，报纸，图钉，小石子。

续前表

个别活动时间	地点	内容	目标	所需物资
10分钟		讨论： 放学后应该去哪里玩？	社工向组员提出建议，让组员之间相互讨论； 帮助组员找到放学后安全的玩耍去处。	小奖品。

自我保护

个别活动时间	地点	内容	目标	所需物资
10分钟		哪些食物容易中毒？ 展示一些实物和制作的食物模型。	使组员了解哪些食物吃了会有危险？ 如何预防。	卡纸， 彩笔， 食品。
20分钟		如何防止被诱拐？ 介绍“口诀”； 场景设计： 陌生人上前搭讪怎么办？	使组员提高警惕性； 学会自我保护。	小道具。
15分钟		防盗该怎么做？ 如何拨打匪警电话？ 场景设计： 陌生人敲门怎么办？ 看见坏人入室盗窃怎么办？	使组员提高警惕； 遇事学会沉着、冷静地应对。	小道具。
15分钟		场景设计： 被撞之后该怎么办？	针对大多数组员在被车撞之后都不知道应该追究肇事者的责任的现象，告诉他们应该怎么做。	小奖品。

结业联欢

个别活动时间	地点	内容	目标	所需物资
15分钟		颁证仪式。	鼓励并希望他们可以将学到的知识介绍给其他同学。	自制的苹果“结业证书”。

续前表

个别活动时间	地点	内容	目标	所需物资
30 分钟		歌舞表演。	增进组员之间的感情。	小道具。
5 分钟		交换礼品。	加强组员与工作人员之间的联系。	自制小礼品。
10 分钟		道别。		

经费预算：

1. 文具

物品	单价（元）	数目	总计（元）
圆珠笔	1	10	10
卡通尺	0.8	10	8
笔记本	1.1	10	11
合计			29

2. 零食

物品	单价（元）	数目	总计（元）
棒棒糖	0.5	10	5
水果糖	12/斤	约 0.51 斤	6.1
可乐	6.5	1	6.5
合计			17.6

3. 工作用品

物品	单价（元）	数目	总计（元）
数码照片打印	1	25	25
卡纸	0.5	25	12.5
文稿打印	0.5	40	20
合计			57.5

共计费用：104.10 元

附录

消防知识问答

1. Q：如果发生火灾，我们应该做的第一件事是什么？

A：到安全的地方打电话报警。

2. Q：火警电话号码是多少？

A：119。

3. Q：报火警时要注意讲清楚哪些情况？

A：火灾的地点和单位及街、段、路、门牌号，并尽可能讲清着火部位、着火物资、火势大小和范围。

4. Q：引起火灾的火源主要有哪些？

A：明火、电火花、雷击、受热自燃、本身自燃。

5. Q：如果人身上着火了怎么办？

A：（1）衣服能撕裂或脱下时，就尽可能迅速脱下浸入水中，或用水或灭火器扑灭；

（2）如果无法脱下则就地打滚，或跳入就近的河池之中（要会游泳）。但在人烧伤面积过大时不能这样，以防细菌感染；

（3）旁边的人可以用随手拿到的衣服、麻袋或扫帚等朝着火的人身上的着火点覆盖、扑打或喷灭火剂。

6. Q：家用电器如果着火了怎么办？

A：千万不能用水去浇，这样会造成漏电伤人事故。一定要先切断电源，也就是拔掉插头，再采取进一步措施。

7. Q：油锅如果着火了怎么办？

A：马上熄灭炉火，用盖子、盘子、砧板等比锅子大的东西罩在锅子上。（切勿移动锅子）

8. A：火灾发生逃生时应该用哪些通道？

Q：逃生楼梯、通道或安全出口，千万不能使用电梯。

9. A：除了灭火器之外，还有哪些东西可以灭火？

Q：水、沙、湿麻袋等。

交通知识问答

1. A：过马路时要记住的口诀是什么？

Q：一看、二想、三通过。

2. A：行人过马路要从什么地方才能通过？

Q：斑马线（或横道线）。

3. A：“红灯行，绿灯停”对吗？为什么？

Q：不对。应该是“红灯停，绿灯行”。

4. A：过马路时先向左看还是先向右看？

Q：先左后右。

5. A：过马路前要看清什么？

Q：看看是不是可以通过（前方是不是绿灯），再看左右是否有车经过。

游泳守则

下水时太饿或太饱，都容易产生抽筋现象。所以，饭后至少要过一个小时才可以下水。下水前试试水温，太冷就不要下水，游泳必须有同伴，不要单独游泳，要留意海滩上有没有悬挂红旗，挂了红旗表示在该处游泳会有危险。不要在积水的废矿游泳，这些地方的水既深又冷，岸壁陡峭，很难爬上来，水中可能有伤人的障碍物。

跳水前一定要弄清水中情况，在水深至少三米，并且没有水草、岩石或其他的障碍物的水中才适合跳水，除非技术精湛，否则不要游到太远的水域中去。

游泳中常会遇到的意外是抽筋、疲乏、激流等，抽筋和疲乏都可能起于受寒。

遇到游泳抽筋，应立即停止游动，仰面浮在水面上，尽量拉伸抽筋的肌肉。脚脊或腿的正面抽筋时，要把腿、踝、脚趾拉成直线，小腿或大腿背面抽筋则把脚伸直，翘起脚趾，必要的时候把脚掌扳近身体。抽筋过后，最好用别的姿势游泳回岸边，如果难以改变游泳姿势，要提防再次抽筋。

游泳时感觉寒冷或疲倦，应马上游回岸边。如果离岸甚远或过度疲乏而不能立即游回岸边，就应仰浮在水上以保持体力，举起一只手，伸直挥动求救。有人前来救援时，要放松身体，以便对方救援，不要紧抱着救援者不放。如果没有人来，就继续浮在水面上，等到体力恢复再游回岸边。

碰到水草缠身时，如果随身携带小刀的话，立即把水草割断，不然试试把水草踢开，或像脱袜子一样把水草从脚上蜕下来，一定不要胡乱卷草，摆脱水草后，轻轻踢腿而游，离开水草丛生的地方。

如果不小心掉进江河湖泊里了，有时会因受惊或者着凉而丧命，因此应该尽快回到岸上。均匀的呼吸有助于保持镇静，游泳或踩水时，动作要均匀缓慢。如果水很冷，除了这些必要的动作外，尽量要少动，以减缓体热的消耗。

万一掉进水里，要屏住呼吸捏住鼻子，逃避呛水，尽量尝试能否站立起来，因为很多河流并不很深，若水太深站不起来，又难以迅速游上岸，就要不停地踩水助浮，并看看身边有无漂浮的物体可以抓住。衣服能保暖，而且夹在衣服之间的空气也有助浮的作用，因此不要脱掉衣服，但要脱掉鞋子，扔掉口袋里的重物。防水的长筒靴子脱下来后，不要扔掉，当作浮筒。

如何防止儿童被拐、被绑

近年来，犯罪分子拐卖、绑架儿童的案件屡屡发生。前不久，知知小姐的同事S和她上小学的小孩一起听了小区“片儿警”为居民举办的讲座，受益匪浅，现在特意介绍给大家：

以下这些说给小孩子听：

一个人在家时，自家门窗要关好，不要让陌生人看出家里只有孩子一个人在家。并告诉孩子，父母不在家时不要为陌生人开门。

不要在荒凉偏僻的地方玩耍。即使到公共场所，年纪小的孩子也应该由家人陪同。外出时，父母都要知晓。

父母经常提醒儿童防备陌生人。要告诉孩子不要听信陌生人的话，不要请陌生人带路，不能搭乘陌生人的车出去，更不能食用陌生人给的饮料、糖果和其他小食品。

只有医生、护士、父母才能触摸他（她）的身体。如果是不认识的人这样做，孩子应该尽量躲开。要鼓励孩子说他们遇到的任何事情，要耐心听孩子向你诉说他（她）的遭遇。

培养小孩子随机应变的能力。在势单力薄的情况下，要针对特定的环境采取策略。如：对那些花言巧语或者死磨硬缠的陌生人要坚决不理睬；对于那些敲诈或骚扰你的人要口头警告；遇到在行人比较多的路段公然作恶的人，要大声呼救；对在偏僻路段、坏人又比较凶残的情况下，要灵活机动，寻找一切机会摆脱对方，然后报案。

父母应该把家庭地址、自己的工作单位的全称及电话号码告诉子女，并且要求他们记住。要告诉孩子在迷路或被拐骗、被绑架时，应该找警察或拨打110电话，教其学会一些“紧急避险”的方法。

以下这些家长要牢记：

掌握儿童的动向。父母要掌握好子女白天的行踪，不要随便带小孩子到荒凉偏僻的地方玩耍，以防小孩因回味而擅自前往，造成迷失方向或被拐骗、绑架。要告诉孩子外出一定要跟家人“请假”。

聘雇家庭保姆时，一定要弄清其身份，掌握第一手资料，以防引狼入室。

父母与幼儿园、学校要讲定通常谁来接孩子回家，并一起去跟教师彼此熟悉，把接送人的电话、BP机或者手机号码告诉教师；无人接时，就让孩子在幼儿园、学校等，或请教师打电话给父母等接送人。

迎客有别。父母不要随便把有“劣迹”的亲戚或朋友带回家中做客。如这类人主动上门，一是短时接待，二是尽量让孩子“回避”。对于单位或自己的客户，一般不带回家中洽谈生意或就餐，以防来日生意场上“翻脸”而殃及子女。因为在儿童心目中，来家做客的叔叔、阿姨都是好人。

巧施“伪装”。欲留孩子一人在家，要有意识地在门口放几双大人的鞋子，使歹徒难以看出家中只有孩子一人在家，并告诉孩子不要为陌生人开门。

建份档案。父母要用文字记述有关子女的体貌特征（如身上某部位的胎记等），一般每季节带孩子拍照片，以备急用。平时应该准备好孩子一套最近的照片、牙科记录和指纹等资料，以备急用。如果发现孩子失踪应立即报案，切不可因犯罪分子的要挟恐吓而屈服。

及时报案。一旦失踪，父母应立即到当地公安机关（失踪的或常住户口所在地的派出所）报案。当发现孩子被拐骗或被绑架后，更应该主动向公安机关提供已知的情况，不可抱着侥幸心理与犯罪分子“私了”，或惧怕“撕票”而不敢报案。

大楼逃生

如果居住的大楼或酒店失火，逃生时应注意以下几点：

一是切勿使用电梯，以免电力突然中断而被困。另外，电梯门甚至可能在着火的那层打开，这样就更加危险了。

二是很多酒店的房间和走廊都张贴着火警逃生路线图，进房间后应该仔细看看，否则紧急时就来不及了，想清楚由房间经大堂、楼梯至出口的路线。检查防烟门上锁了没有，若上锁了，应把锁打开。

三是一旦失火，应马上逃生。每开一道门必须先试试门把手是不是烫手，并随即关门。门是阻止火势的最佳屏障，通常要半个小时才会烧毁。

四是必须随身携带房门钥匙，中途被阻退回房间是会有用的。一边跑一边拍门通知其他人逃生，如果有警钟，应立即按动。

五是假如无法走到阳台上，就要阻止大火蔓延到房间内，可用桶来盛水泼在木板和门上。如果没有桶，抓个汤锅、花瓶或任何大容器都可以。

六是用布填塞门缝隙，以免浓烟烈火冒进房间内。必要时可用窗帘，尽可能先把布沾湿，再把地毯或毛毯卷起来，塞住门底部的缝隙。

七是若楼梯遭浓烟或大火的封锁，切勿尝试冲过，应返回房内，或想办法躲到安全的地方，必要时走上阳台，等候救援。

八是若被困在高处，呼救无效，可在窗前挥动床单、枕头套或者毛巾，极力引起别人的注意。若有电话，立即拨电话求援，大楼虽停电，电话也许仍可接通。

出口堵塞时，试打开窗户，或走到阳台上去，走出阳台应注意随手把阳台门窗关了。如身在楼下，可以打开一个窗户跳出去。如在楼上，而该楼层离地不是很高，落点又不是硬地（例如花坛），可抓着窗框悬身窗外，伸直双臂以缩短与地面的距离。这样跳下可能扭伤，甚至骨折，但总比呆在危险的火场安全。

从楼上跃下前，先松开一只手，用这只手及双脚撑一撑离开墙后再跃下。如果逃生处离地面较高，可利用床单等，将其连结成长绳并拴紧在家具上，沿绳爬到地面，或到尽头才送手跃下。

如果要破窗逃生，可用椅子砸破玻璃。如果必须用手破窗，先把手用布等厚厚包裹，假如穿的是长袖上衣，则可用肘部击破玻璃。然后把散落在窗沿上的玻璃弄掉，或盖上毯子或衣物，再爬出去。如无法可施，应关上房门，开窗挥手大叫求助。在阳台上求救，应先关好后面的门窗。如果没有阳台，一面等待救援，一面阻止火势的蔓延，一般的大楼是不会因为火灾倒塌的。如果能阻止火势的蔓延，生存机会就比较大了，所以要向木板及门窗泼水，以阻止火势蔓延，并把布块（最好是湿布）塞进门缝隙，以阻止浓烟和火焰进入房间。其实浓烟比烈焰更危险，被火烧死的和遭到浓烟呛死的比例约为 2∶5。

小组工作记录表

小组名称：	SOS 安全小组
小组会期：	第　次会期
聚会日期：	年　月　日　时　分
聚会地点：	
出席组员：	
缺席组员：	
团体目标：	
阶段目标：	
工作者：	
团体过程：	

活动内容评估表

	事前评估	目标	事后评估
1)			
2)			
3)			
4)			

每节小组工作评估表

小组名称：	SOS安全小组
小组活动次数：	第　次
活动时间：	年　　月　　日
活动地点：	奉贤区海湾小学
出席组员：	
缺席组员：	
评估工具：	
评估	
1. 活动过程 2. 活动效果 3. 组员表现 4. 工作人员表现 5. 建议/意见 6. 改进措施	

自信突击队

小组名称：

自信突击队

小组目的：

(1) 给组员提供一个安全、活跃、能够真诚表达自己真实感受和发泄情绪的场所。这点主要是因为部分组员提出自己找不到一个地方可以诉说自己的苦处，并且他们对小组的一个希望就是能够找一个地方说说话。这样可以达到宣泄情绪的作用，再者，让他们认识到他们面临的问题不是一个人的问题，而是很多人共同的问题，让他们有被支持的感觉，从而建立起对小组的归属感和信任感，为后面的工作打下基础。

(2) 帮助组员建立自信心并且保持自信心。有一个组员在其访谈中谈到，她现在一点信心都没有，不知道自己将来怎么面对找工作，其实她也用过"有韧性"、"很会理发"等字眼来形容自己，但是她却不认为这是她的优势，她看不到自己的闪光点。于是对于别人的一些言语也变得很敏感，容易打击自己的信心。我们希望让他们看到自己的优势，起码可以让他们对一些领域敢去尝试，增加他们就业的选择空间和竞争力。

(3) 帮助组员更好地、更正确地给自己定位。要在社会找到一个定位，首先应该给自己一个正确的定位和认识，包括自己的优势、劣势、喜好、兴趣，觉得什么样的生活、工作更适合自己……有些组员在访谈中提到他们不知道自己是应该留在北京还是回老家，也不知道自己的兴趣在哪里，或者说自己对什么都有兴趣。这样可以给他们迈向社会打一个基础。

(4) 给他们提供一些就业方面的信息和培训。因为他们认为自己在这方面很缺乏资源和信息，这也让他们熟悉找工作的一些程序，缓解他们对就业的恐惧和压力，从而也或多或少地提高他们在就业中的竞争力和自信心。

小组背景：

在我们学校的十个专业中有多个专业招收了高职学生，高职生与我校学生总人数比例是 36∶100 。可以看出，他们在校园学习、活动和生活中有着重要地位，并且他们在校园建设过程中也起到了重要作用。但是高职生这个身份也给他们带来了不少困扰。用他们自己的话说：他们大一时是新生，好多事情轮不到自己；大二时他们已经是毕业生了，已经没有多少精力去参加学校活动了。可以看出，学校在对他们的资源分配上有一定的不平衡。学校现阶段处于特殊转型时期：重视本科教育，学院评估……从而使本科生越来越多，他们面临的压力越来越大，甚至他们认为自己受到了一定程度的歧视。那么，作为这个学校中的特殊群体——高职毕业生，他们除了以上的困扰之外，还需要面对就业、走向社会、写论文等。另外，他们也表示自己有很多烦心事情没有人可以诉说，这就让一些高职毕业生感到很大的压力，甚至是自卑感、害怕面对社会的心理。

从理论来看，他们面临的主要问题有：

第一，个人社会化过程中角色转变出现了问题。他们现在正处于青年期社会化的过程，这个阶段是一个生理、心理、社会三大要素在个体内部发展不平衡的时期。他们是以一个社会人而不是一个自然人的形象进行各种活动，因此，社会对青年提出了更高的角色期望和标准，于是，这个阶段容易出现角色差距、角色紧张、角色冲突等问题。

第二，社会分层给他们带来的困扰。社会分层是指社会中人们被区分为高低有序的不同等级层次的过程和现象。在我国目前的教育体制中，已经明确地依照高考分数将学生划分为本科生、专科生、高职生等层次，于是，高职生在这个群体中就处于相对低层，另外，加上社会就业中过分注重文凭，学校正在加紧本科建设，又无形地加大了这种分层差距，这时他们作为高职生心理压力和落差感就很大。

第三，非正式组织已经冲淡了社会组织的作用。被访者表示他们班相当散，没有凝聚力，而且班主任和班委会根本不管班上的事情，也不组织活动，并且下面有很多地小组织，大家玩得好就在一起玩，也不参与班级活动，在这样一个社会组织（班级）中组员非常缺乏归属感和安全感，于是就会出现有困难没有地方说的困惑。

招募途径：

我们主要是通过直接招募的方式进行的，首先我们联系我们认识的高职生，再通过他们的引荐，认识他们的朋友或者同学，由我们给他们做直接的宣传，包括什么是小组，我们可以通过小组给予他们一些帮助……

招募要求：

(1) 主要面对非社工专业的高职毕业生。

(2) 组员困扰主要是因为他们是高职生这个身份。

(3) 他们是自愿加入小组的。

面谈的问题：

(1) 最近过得怎么样？为什么？

(2) 对于马上要进入社会有没有做什么准备，包括物质的、心理的等等，能否举例呢？

(3) 觉得有压力吗？觉得自己有时候缺乏自信吗？

(4) 会经常给自己鼓励吗？能举例吗？

(5) 你能归纳一些学校可能对你们高职生不公平的政策和决议吗？

(6) 你是否尝试过给学校有关部门提出建议呢？

(7) 你是否参加过就业方面的指导讲座、培训、课程？能否举例？

(8) 通过我的介绍，你对小组是一个怎样的理解？

(9) 你希望小组活动能在一种什么样的气氛和环境中进行呢？

(10) 你希望小组能给你什么样的帮助？

(11) 你觉得自己可以给小组做点什么呢？

小组活动计划：

第一次活动：找到了大部队

目的：

※ 让组员彼此认识一下。

※ 建立小组的一些约束规定，建立其责任感。

※ 了解小则成员最近的生活状况，宣泄组员的情绪，建立起他们对小组的信任感和归属感，为下次活动打下基础。

时间： 90 分钟

过程：

时间	活动
10 分钟	请每位组员介绍一下自己，这是为了让大家互相了解。
10 分钟	请每位组员填一份我们工作人员发放的问卷，主要是便于最后做小组工组评估。
25 分钟	请组员自己讨论，制定出一个内部规定。主要是提醒组员自己要遵守自己制定的规定，这对其有一定的约束力，并且也给予他们归属感和责任感。
40 分钟	请组员用一幅画来表现自己最近的生活状况和心情，并且要求配合自己的语言解释。这是因为我们的组员主要是花卉专业的同学，他们很擅长画画。
5 分钟	工作人员给组员布置任务：请组员回去后一个星期每天都用自己习惯的任何方式记下自己每天的心情。如果愿意，下次可以和大家一起分享。这主要是让组员能够自己独立地去处理好自己的情绪。

所需器材：

问卷、白纸、若干水笔、一张大白纸、透明胶带。

可能出现的问题：

(1) 他们可能对小组有一定的警惕性，对于建立信任感会有困难。

(2) 可能有一些组员不愿意或者不习惯将自己的心情和内心的东西讲出来。

(3) 对于我们布置的工作，他们的配合程度不高，因为他们本来就很忙……

附录

第一次活动的问卷

同学，你好，下列问题请按照你的真实情况填写答案，谢谢你的合作！	是	否
1. 你是否觉得高职生这个身份给你带来很多的困扰？		
2. 对于自己的兴趣和长处完全了解吗？		
3. 会因为就业等觉得有自己承受不了的压力吗？		
4. 觉得自己有时候缺乏自信吗？		
5. 会经常给自己鼓励吗？		
6. 有很多机会和其他人袒露自己的心事吗？		
7. 是否参加过一些就业方面的培训或者课程呢？		
8. 经常会有自己不如别人的想法吗？		
9. 最近两星期会有失眠的现象吗？		
10. 你经常会对自己失望吗？		
11. 你有很好的朋友，经常能帮助你解决一些困难吗？		
12. 你觉得这个小组会对你有帮助吗？		

第二次活动：原来我可以

目的：

※ 帮助组员建立自信心。

※ 帮助他们保持自信心。

※ 正视自己的优势，发掘自己的长处。

时间： 95分钟

过程：

10分钟	请愿意和大家分享自己日记的组员和大家分享自己上个星期的心情，帮助他们宣泄情绪。
50分钟	请每一位组员讲述一下自己从记事开始到现在最得意的一件事情，要求有具体细节，强调是生活中的任何一件事情，没有对错、高低之说，并且自己试着分析其原因，培养他们的自信心。
15分钟	请每一位组员回忆一下别人对自己好的评价中最多的是什么，建立他们的自信心。
15分钟	教大家唱一首歌《天上人间》或者《阳光总在风雨后》，并且用录音机录下来，在最后一次小组活动中播放。
5分钟	给每个组员布置一个小任务，每天起床后对着镜子说三声：我很棒！我最棒！

所需器材：

录音机，空盘磁带。

可能出现的问题：

(1) 大家对自己最得意的事件仅仅是定义为让别人觉得自己很了不起的事件，所以也需要工作人员来强调一下是任何一件事情。

(2) 家庭作业是否能很好地完成。

第三次活动：我知道我可以

目的：

※ 继续帮助组员保持自己的自信。

※ 帮助组员对自己有重新正确的认识。

※ 帮助组员更好地给自己定位。

时间：120 分钟

过程：

10 分钟	请每个组员当着大家的面大声说出：我很棒！我最棒！
45 分钟	请每个组员画一幅画来反映自己的性格，让别人通过你画的来评断你是一个什么样性格的人，最后自己来说明自己的性格。
45 分钟	来评价一下自己最大的优点是什么，最大的缺点是什么，自己觉得自己最适合的职业是什么。
18 分钟	请每位组员用小纸片写出自己心里最向往的生活是什么？并说明理由。
2 分钟	给每个组员布置任务，让他们每个人都去查一下现在自己最感兴趣的职业的现状，以及有关就业方面的政策。并且让他们为下次小组活动模拟面试做好准备。并且告诉大家下次活动结束后就要完全结束小组工作了，让他们做好心理准备。

所需器材：

小纸片，白纸，水笔，透明胶带。

可能出现的问题：

(1) 在当着大家的面喊出“我很棒！我最棒！”时会有点困难，可能需要工作人员的鼓励甚至是示范。

(2) 最后布置的作业能否很好地完成。

第四次活动：我自信，我怕谁

目的：

※ 给他们提供一些就业方面的信息和培训，缓解他们对就业的恐惧和压力。

※ 继续帮助他们保持自信心。

时间： 120 分钟

过程：

90 分钟	进行模拟面试，工作人员充当招聘方，并且是他们最感兴趣的职业的招聘方，并且查很多相关资料来出面试题，当然，题目尽量不给他们带来很大的难题，并且也符合社会招聘模式，最后请其他没有参加面试的同学打分，我们也给出分数。
10 分钟	请组员填写我们安排的问卷，这有利于我们最后对小组的工作进行评估。
20 分钟	播放那天大家一起学的歌曲，并且大家一起唱歌和拍照留念，宣布小组结束。

所需器材：

相机，胶卷，资料，录音机，磁带，白纸。

可能出现的问题：

(1) 工作人员扮演的招聘方不称职。

(2) 在招聘会过程中，会出现对组员的相对伤害，毕竟这有一个高低水平之分，但是会尽量控制，力求在真实的基础上多给他们希望和鼓励。

(3) 组员留恋小组。因此要安抚组员的情绪。

附录

小组工作效果评估问卷

同学：你好！请回忆与组员互动以及参与小组活动的情形，然后回答以下每一个问题，并在相应的选项下划“√”，你的答案将会完全保密，谢谢你的合作！	完全同意	多半同意	一半同意	少半同意	完全不同意
1. 我觉得组员都很诚实地对待我					
2. 他们能明白我说话的重点					
3. 他们接受我					
4. 当我妨碍到他们时，他们会很自然地让我知道					
5. 他们时常误解我的意思					
6. 他们对我感兴趣					
7. 他们会时常打断或忽视我提出的意见					
8. 他们能提供一种气氛，让我能表现真实的自我。					
9. 他们对我完全坦白					
10. 我敢和小组任何一个组员讲自己不敢和小组外的人讲的事情。					
11. 他们不能完全赞同我的观点					
12. 他们都能充分地尊重我					
13. 他们对我采取一种判断的反应					
14. 我感到在这个小组中很安全					
15. 我能理解其他组员的困难					
16. 我很喜欢这个小组的活动					
17. 我对自己越来越了解					
18. 参加小组活动让我越来越有信心					
19. 通过这个小组活动我能主动地发掘自己的长处					
20. 参加完这个小组，我很清楚下一步我的计划是什么					
21. 在这个小组中，我很乐意和别人分享我的经验					
22. 小组结束后，我还会主动和其他组员联系并向他们讲述自己不顺心的事情					
23. 我很喜欢小组工作人员的工作方式					
24. 我觉得这次小组的组员彼此信任和坦诚					
25. 对于找工作，我不像参加小组前那么没有信心了					
26. 此次小组活动中还能够改进的地方？					

俺们都是东北人

小组名称：

俺们都是东北人——辽宁老乡会

小组背景：

(1) 通过去年和今年的两次开学迎新活动，我们了解到许多新生都是一人上学全家出动，接站车上坐的几乎只有三分之一是学生，剩下的都是学生家长。更有甚者，我接的一次站，就有一家九口人来送一位女生上学，从父母到阿姨、伯伯还有一满头白发走路不稳的姥姥，当我问及她老人家原因时，她口齿不清地说："我把她从小看到大，从没放出手过，不放心呀。"这个时候我是既理解这一家人爱子心切的心情，又替这位同学担心：将来一个人的路怎么走？在新生中，这种没离过家、自己不会做事的人很多。她们在家的时候周围都是熟悉的人群，很少面对这种全陌生的环境。这就可能使她们在失去原有的社会支持条件下，在一个全新的、陌生的环境中会遇到人际沟通障碍。

(2) 我们私下里和关系较好的学妹沟通时发现，其中有部分人对于突如其来的大学生活还不是很适应，而且对于异地生活心理还有抵触，不能从根本上完全融入。但是通过与同学的经验分享，这种状况会有或多或少的改变，尤其是与高年级的学姐的沟通，这种沟通很容易使她们适应环境，迅速建立新的良好的人际沟通网络。

(3) 女校又是一个特殊的环境。单从名字上来看，这就是一个性别比几乎为零的学校。通过我们的实际调查发现：90%以上的学校以外的人群以为这里是一个旧式的"女儿国"，以为我们这里所学的内容都是旧式的知识，如家政、礼仪等。在现实中，中华女子学院也是一个男女性别比极度失衡的院校。男生在校园里几乎绝迹，大部分女生在校内接触男生的机会也很小，甚至为零。还有一些学姐由于某种原因导致到了高年级以后与男性沟通有障碍了。这些都是我们不容忽视的现实。我们希望通过这样一个小组，消除这些可能的障碍，达到人际沟通无阻。

(4) 同一种文化观念，同一种生活习惯，使同一个地区的人很容易在短时间内实现有效沟通，而且以前我们参加老乡会的经历和班里其他同学参加老乡会的经历给了我们很好的经验。

理论架构：

这个小组的对象是大一新生，首先，因为大一新生刚刚走进不熟悉的北京，踏入自己不熟悉的大学校园，离开自己熟悉的环境，想家、想朋友的情绪会比较多。而在这样一个环境中，释放似乎是不太容易的。其次，她们可能还没很明确地发现自己的需要，没有自己很明确的方向，也缺少一些心理和生活方面的支持。这样我们就选择了以下两个理论作为我们的理论支持。

(1) 马斯洛的"需求层次论"将人的需要分为五个等级：生理需求、安全需求、社交需求、尊重需求和自我实现需求。马斯洛对第三层次社交需求的解释：社交需求（人际沟通需求）包括对友谊、爱情以及隶属关系的需求。当生理需求和安全需求得到满足后，社交需求（人际沟通需求）就会突显出来，进而产生激励作用。在马斯洛需求层次中，这一层次是与前两层次截然不同的另一层次。这些需要如果得不到满足，就会影响人的精神，导致生活热情不高、对生活不满及情绪低落等。但是她们大都是第一次在北京这样一个陌生的环境中生活，原有的朋友、情感依靠等都已经成为远水，这样她们就会急于寻求归属感，也就是对她们宿舍、班级、学校以至于在北京的归属感。她们不希望自己作为陌生人生活在这里，希望能与这里的其他组员融为一体。她们希望得到别人的爱，同时也希望自己能给别人爱，只有这一层社交需求（人际沟通需求）得到满足，才会有进一步实现尊重等其他的需要，从而达到自我实现。我们开这个小组就是希望我们能做一个倡导者，来组织小组，给她们一个空间来实现需要。

(2) 社会学习理论强调人们通过观察和模仿他人的行为来获得改变，形成新的行为方式。小组工作过程中，每个组员都是一个资源库，她们会真实表现自我、分享想法等。这样组员就能够充分分享利用这个资源库，从而形成适应性行为，最终在心理层面达到一定的改变，培养出自己的社交能力。而我们这个小组，都是同一个地区的人，会在许多方面有相似性，这样沟通阻力小，小组凝聚力大，动力强，参与度会高些。但是相对来说，资源也会较少。但总的来说，利大于弊。

目标及目的：

目标：通过这个人际沟通小组，改善组员的心理状态，改变其行为方式，挖掘出组员的人际沟通潜力，让她们自己发现能力，培养良好的人际沟通自信和能力。

目的：

(1) 让组员认识情绪，留意自己的情绪变化，并学习如何处理自己的情绪。

(2) 学习沟通技巧，适应环境改变，令同学们在沟通过程中减小阻力。

(3) 在活动过程中，增加组员之间的互动，首先在小组范围内为每一个组员建立良好的支持网络。发展出组员的这种能力，使其在小组以外也能良好地发挥能力。

(4) 学习更好地适应环境，最终实现人际沟通能力的良好发展。

服务对象：

资格：辽宁籍大一新生。

特点：希望更好地适应大学生活、提高人际沟通能力、扩展人际沟通网络的同学。

小组特征：

性质：人际沟通小组

节数：六节

日期：11 月 10 日至 12 月 25 日

时间：每周四晚 5：30 开始

地点：校内主楼 345 教室

人数：八人

招募方法：

校内张贴海报宣传，选拔人员（招收人员限制）。

预算：

（1）纸张：32 张 16 开纸，2.00 元；2 张大画纸，2.00 元；纸卡 64 张，4.00 元

（2）彩笔：11 支，20.00 元

（3）外出车票：自理

（4）打印复印活动所需资料（如问卷等）：20.00 元

总计：48.00 元（3 个工作人员分担）

小组活动计划：

原来你也在北京

地点：345 教室　　**时间：**120 分钟

小组目标：通过组前评估了解组员情况，使组员更清晰地明白小组目标及内容。订立小组规范，规范小组。使组员和工作人员互相认识，建立组员对小组的兴趣，并使工作者初步掌握组员情况。

个别活动时间	目标	内容	所需物资
10 分钟	让组员及工作人员间互相认识。	工作人员自我介绍。	
15 分钟	组员之间有初步认识。	组员自我介绍（姓名等及对小组的期望）。	
15 分钟	深化组员之间的认识。	游戏（两人一组互相介绍对方）。	
20 分钟	继续深化认识，调节气氛。	藏饼干游戏。（见附录）	

续前表

个别活动时间	目标	内容	所需物资
10 分钟	让组员更清楚小组目的及内容并澄清她们的疑问。	介绍小组目的及内容，并让组员发表意见。	
20 分钟	与组员一起订立小组规范，使其对小组更有归属感。	与组员一起订立小组规范。	大画纸一张，笔 8 支。
10 分钟	进行组前评估。	填写问卷。	问卷 8 份，笔 8 支。
20 分钟	组员对此次活动的反馈，令工作人员明白她们对小组的看法和意见，使工作人员能从中改善，同时使组员了解别人感受。	邀请组员简单说出对这次聚会的感受及意见，并让组员回去以后想想还在哪些方面有需求，下次再商议。	

让我们开始游戏吧

地点：345 教室　　　**时间：**100 分钟

小组目标：在上一次课的基础上深化认识，增强组员互相了解的程度。开始发现每个人的闪光点，发掘个体的优势。在心理层面改变原来对自我的判断评价，通过小组的力量改变原有的社交模式。

个别活动时间	目标	内容	所需物资
15 分钟	使组员有一个持续性记忆，深化上次活动内容。	简短的反思，期望，建议。	
15 分钟	了解每个人的创新能力，敢于向“答案”挑战。挖掘潜力，发掘个人特点和优势。	游戏程序：见附录。	附有图案的纸 8 张，笔。

续前表

个别活动时间	目标	内容	所需物资
20 分钟	从游戏中总结发现：原来我有这么聪明的大脑和与人不同的想法，原来自己也是独特的，也有可以骄傲的地方。	从游戏中大家共同发现彼此的闪光点，做个互相点评。	
15 分钟	深入了解对方，了解自己。	两人一组，互相介绍，反角色扮演，找优点。并在游戏结束后一起讨论和上一次小组时的同样一个游戏有什么不同感觉。	
20 分钟	进一步了解每位组员的社交状况。	做问卷，见附录。	问卷，笔。
10 分钟		总结，寄语（对小组的，对个人的）。 家庭作业：反思自己大学以后的社交状况，并在下一次小组上自愿讲述自己的“社交故事”。	

信任之旅

地点：345 教室　　　**时间：**120 分钟

小组目标：温习总结上一次小组所领悟的东西，并能够在此次小组中予以应用。通过游戏来增强组员对小组的信任感。反思所走过的路和有过的心境，发现优点，发扬优点，深化组员的自信心。

个别活动时间	目标	内容	所需物资
30 分钟	继续沟通，组前温习，并增强组员间的信任感。	发表对于上次课程的感言，讲述自己的故事，大家分享经验。	

续前表

个别活动时间	目标	内容	所需物资
30 分钟	游戏。通过游戏这样一个机会来看自己过去的经验，使其正视经验。	情景扮演，见附录。	
30 分钟	使组员认识到人际沟通的重要性，增强小组凝聚力。	组员手拉手绕成了一个复杂的手结，打开手结。	
20 分钟	让组员能把事情放进自己心里，达到内化。	发表感言，自我反思。	
10 分钟	给予组员一些社交方面的知识，并观察组员的反应。	阅读文章内容，（见附录）发表感言。 家庭作业：请部分组员做下次小组面试游戏的考官，准备考题。	

自我探索

地点：教室 345　　　**时间：**90 分钟

小组目标：用比较直白的方式使组员清晰地看到处于人际关系中的自己，进一步了解自己，并接纳自己。培养组员良好的专注、聆听、同感以及分享的能力。注意处理组员的离别情绪（提醒组员还有两次小组聚会）。

个别活动时间	目标	内容	所需物资
10 分钟	检测组员的积极性，对上一次小组是否有反思，共同分享经验。	对上一次小组内容回忆。	
20 分钟	给组员一个机会打破常规的方式，以创造性的方式来表达自己。	让小组的每位组员发挥创造力和想象力，用自己的方式轮流从教室的一头走到另一头。体验打破常规的行为方式，尝试用不同的方式来表达自己。	相机。

续前表

个别活动时间	目标	内容	所需物资
30 分钟	反思，从别人的眼中看自己和在自己眼中看自己的区别。	请组员给自己一个评价，再请组员互相评价。	
20 分钟	给组员一些女生社交礼仪方面的知识，并使其内化。	请组员阅读一篇文章（见附录），并让组员结合身边的实例发表感言。	
10 分钟	调动组员积极性和参与热情。提醒组员还有两次小组聚会。	家庭作业：选定两名组员为模拟招聘会的考官。内容就是国家机关某部门招公务员。请组员做好准备。	

人际关系中的我

地点： 345 教室　　　**时间：** 140 分钟

小组目标： 运用情境扮演的形式，让组员现身在实际的人际关系中，给她们一种实际操练的感觉。锻炼组员实际运用的能力，这也是对自己人际沟通能力的检测。注意处理组员的离别情绪。

个别活动时间	目标	内容	所需物资
17 分钟	工作人员简要介绍一下求职面试时应该注意的基本内容，缓解组员的紧张情绪，同时要求组员以正式的态度来对待这次“面试”。	工作人员在告诉组员们在正视这次活动的同时，也要注意不要给她们施加压力。	
120 分钟	模拟招聘会。	两名组员扮演考官。其余组员做被面试者。	相机，纸，笔，题目（见附录）。
3 分钟	提醒组员还有一次小组聚会。	请每位组员准备一个节目，形式不限。	

身未动，心已悦

地点：345 教室　　　**时间：**100 分钟

小组目标：用游戏和歌舞的形式使组员重新认识自己和别人，发现自己在小组中的成长历程。

个别活动时间	目标	内容	所需物资
20 分钟	学会感动，拥抱式的身体接触和感激。	天使在身边游戏。请每位组员去拥抱自己的天使——也就是自己最喜欢、给自己影响最大的人。	
20 分钟	让组员互相回馈在小组中新的发现，感悟成长历程。	在纸片上写下每个人的优点（包括自己的）并在小组中分享。	纸卡 64 张，彩色笔 8 支。
15 分钟	写下心路历程。	天使留言板。让所有组员自愿在留言板——一张大白纸上写下自己最想说的话。	相机，1 张白纸，笔。
15 分钟		歌曲《相亲相爱》，大家随意做动作。	录音机，磁带。
30 分钟	评估小组成效。	做组后问卷。	8 份问卷。

工作日程：

11 月 10 日至 11 月 14 日：招募组员，同时接受报名。

11 月 15 日至 11 月 18 日：筹备开组工作。

11 月 20 日至 12 月 25 日：开组。

12 月 26 日至 1 月 14 日：总结反思，提交报告。

应变计划：

预计困难	应对办法
不能招到足够的组员。	要求同学帮忙，寻找一些她们熟悉而且符合招募标准的组员参加。
组员过多。	通过招募限制筛选组员。

评价方法：

(1) 组员自我意见反馈。

(2) 小组分步计划完成情况。

(3) 问卷评测。

参考书目

刘梦．小组工作．北京：高等教育出版社，2003

附录

藏饼干游戏

A：“李红（组员姓名）”的饼干藏在饼干盒里。

B：不是我。

A：就是你。

B：不可能。

A：那是谁？

B：“王丽”的饼干藏在饼干盒里。

…………

创造性开发

发给每个组员一张纸，请组员一笔连接图上所有的点，看谁连接出来的最富有意义。

注意事项：

有答案是可以画出一个五角星，但是富有创意的结果，远远超出我们的想象。

人际交往能力测试

人们在工作学习中往往要与很多人打交道，有的人在人际交往中如鱼得水，而有的人却平平淡淡，你是个人际交往高手吗？做做下面的测试，你会有新的发现。

请结合你自己的情况考虑下面的问题，回答“是”或“否”。

1. 你喜欢参加社会活动？
2. 你喜欢结交各行各业的朋友？
3. 你常常主动向陌生人做自我介绍？
4. 你喜欢发现他人的兴趣？
5. 你在回答有关自己的背景与兴趣的问题时感到为难？
6. 你喜欢做大型公共活动的组织者？
7. 你愿意做会议主持人？
8. 你与有地方口音的人交流有困难？
9. 你喜欢在正式场合穿礼服？
10. 你喜欢在宴会上致祝酒辞？
11. 你喜欢与不认识的人聊天？
12. 你喜欢在孩子们的联欢会上扮演圣诞老人？
13. 你在公司组织的集体活动中愿意扮演逗人笑的丑角？
14. 你喜欢成为公司联欢会上的核心人物？
15. 你是否曾为自己的演讲水平不佳而苦恼？
16. 你与语言不通的外国人在一起时感到乏味？
17. 你与人谈话时喜欢掌握话题的主动权？
18. 你与地位低于自己的人谈话时是否轻松自然？
19. 你希望他们对你毕恭毕敬？
20. 你在酒水供应充足的宴会上是否借机开怀畅饮？
21. 你是否曾因饮酒过度而失态？
22. 你喜欢倡议共同举杯？

评分与解释：

本测验的答案并无正误之分。只是一般情况下，擅长于社交的人会倾向于以下答案。

1. 是　2. 是　3. 是　4. 是　5. 不　6. 是　7. 是　8. 不　9. 是

10. 是　11. 是　12. 是　13. 不　14. 是　15. 不　16. 不　17. 是

18. 是　19. 不　20. 不　21. 不　22. 是

检查你在每一题上的答案，若与上述相应答案符合得 1 分，否则得 0 分。

计算你的得分。

17 至 22 分：你在各种各样的社交场合都表现得大方得体，从不拒绝广交朋友的机会。你待人真诚友善，不狂妄虚伪，是社交活动中备受欢迎的人物，也是公共事业的爱好者。

11 至 16 分：你在大多数社交活动中表现出色，只是有时尚缺乏自信心，今后要特别注意主动结交朋友。

5 至 10 分：也许是由于羞怯或少言寡语的性格，你没有表现出足够的自信。当你应该以轻松、热情的面貌出现时，你却常常显得过于局促不安。

4 分或以下：你是一位孤独的人，不喜欢任何形式的社会活动。你难免被他人视为古怪之人。

大学生人际交往的基本技能

生活中不难发现，有的人身上仿佛有一种魔力，周围人都乐于聚在其身边，这类人往往能在短时间内结识许多人。心理学研究表明，这类人大都具有良性的自我表象和自我认识："我是一个受人欢迎的人，我喜欢与人交往"，这样的心态会使人以开放的方式走向人群，他们心地坦然，很少有先入为主的防御心理，因而言谈举止轻松自在，挥洒自如。在这种人面前，很少有人会感到紧张或不自在，即使一些防御心理较强的人也会受其感染而变得轻松、开放起来。同学之间的交往，许多时候都是在紧张的学习之余，求得一种轻松感，所以能满足这一愿望的人自然会有一种吸引力。但许多同学，包括一些才华和品质都很优秀的人也可能存在一些消极的自我意象。在与人交往时，常常会产生"他（她）会喜欢我吗？会尊重我吗"的疑问，由此带来的结果是防卫心理。由于对自己的某种东西缺乏信心便想掩饰，掩饰心理所带来的行为表现或是夸张或是封闭，带有表演给人看的味道。再者，由于时时注意别人如何评论自己，心情难以轻松下来，所以其言行、表情总会显出某些不自然的东西，交往气氛也会因此受到一定程度的损害。之所以有以上差异，是由于习惯性暗示在起作用。运用积极暗示能够减少或消除不良的自我意象。比如经常在心里默默对自己说："我是受欢迎的人!"每天早晨醒来，都要充满信心地默诵这句话。除言语暗示外，还可运用形象暗示。在头脑中把自己想象成一个良好的交际者，直到这种形象在头脑中能够栩栩如生地浮现出来并根深蒂固。这就是西方心理学中有名的想象方法。

主动而热情地待人

心理学家发现，"热情"是最能打动人、对人最具吸引力的特质之一。一个充满热情的人很容易把自己的良性情绪传染给别人。在这里，首先让自己变得愉快起来是必要的。一个面带微笑的人很容易被他人接纳。每个人在生活中都会遇到许多烦恼的事，但我们不应被它们所奴役，而应像鲁迅先生所说的那样：敢于直面惨淡的人生！学会愉快地面对生活可以从行动入手，让自己高兴地去做事，以微笑去待人。威廉·詹姆斯曾说过："行动似乎是跟随在感觉之后，但实际上行动和感觉是并肩而行的。行动是在意志的直接控制之下，而我们能够间接地控制不在意志直接控制下的感觉。因此，如果我们不愉快的话，要变得愉快的主动方式是：愉快地坐起来，而且言行都好像是已经愉快起来的样子……"要热情待人还须从心里对他感兴趣，真心喜欢他人。"对别人不感兴趣的人，他的一生中困难最多，对别人的伤害也最大。所有人类的失败都出自于这种人。""只要你对别人真心感兴趣，在两个月之内，你所得到的朋友，就会比一个要别人对他（她）感兴趣的人在两年内所交的朋友还要多。"实践表明，人们更容易喜欢那些对自己感兴趣的人。

把每个人都看成重要人物

自我尊严得以维护，自我价值得到承认，这是许多人最强烈的心理欲求。我们只有在交往中注意到这一点，才能应对自如。的确，每个人都是重要的，当我们把自己看得非常重要时，也应将心比心把别人也看成重要的。据此，在交往中，我们应注意：第一，让他人保住面子。如果一个人习惯于通过挑别人的毛病和漏洞来显示自己的聪明，那将是最愚蠢的，必将为此付出高昂的代价。人人都有毛病和缺点，所以找起来并不难。但被人暴露自己的“小”，这是许多人所反感的，因为这威胁到了他的自尊。第二，不要试图通过争论使人发生改变。同学之间常常争论，若是为探讨问题，这是有益的，但试图以此改变对方，则往往会适得其反。每个人都或多或少把某种观点（他在争论中坚持的观点）看成是自我的一部分。当你反驳他的观点时，便或轻或重地对他（她）的自尊造成了威胁。所以争论双方很难单纯地就问题展开争论，其间往往渗入了保卫尊严的情感。这种情感促使双方把争论的胜负而不是解决问题看成最重要的。所以赢的一方常常难以抑制自己的洋洋得意，他把这看成是自己尊严的胜利，自己有能力的证明。而输的一方则会觉得自尊受到伤害，他对胜方很难不产生怨恨。从而我们不难理解，为什么许多争论到最后会演变成为人身攻击，或变成了仅仅比嗓门高低的游戏。所以争论对人际交往常常是一种干扰因素。第三，发现和赞赏别人的优点。每个人都有其不足，每个人也都有其所长。我们何不去多多赞赏别人身上那些闪光的东西呢？然而我们却常常容易忘记和忽略这么重要的一件事。或许我们的自然倾向是寻找他人的缺陷，这样可能会间接提高我们的自信；或许我们崇尚直言相谏的忠臣之为，而把赞赏当作恭维看待了，所以不屑于此举。总之，在我们的生活中，最为人渴望而不用花钱费力就能给予的“赞赏”却常常难得一见。在大学里，有一些同学由于家境、容貌、见识等原因而深藏一种自卑感，他们多么需要得到认同和鼓励，一句由衷的赞赏很可能会使他们的生活洒满阳光，甚至改变他们的整个命运。

测量表

此次小组的前测中，我们采取问卷和访谈结合的方式进行。

1. 你是通过什么途径得知老乡会的？

2. 你来参加这个小组的目的是什么？

3. 你对现阶段自己的社交状况感觉如何？

4. 你喜欢结交新的朋友吗？

5. 你觉得自己的社交网络大概在哪里？造成这种状况的原因是什么？

6. 你在选择社交对象时的原因是什么？

7. 你认为现在最有效也是最现实的社交方式是在哪里实现的？和从前相比有什么变化？

8. 你认为大学生活对你社交方面有什么影响？这对你有什么特殊的意义吗？

9. 你有没有遇到过社交障碍或焦虑的情况？

10. 当你身边的条件全部改变时，你能很快适应，并自如地应付吗？

11. 大学以前，你在社交过程中遇到过什么困难吗？你是怎么做的？请举例说明。

12. 大学以后，你在社交过程中遇到过什么困难吗？你是怎么做的？请举例说明。

13. 你遇到社交困难时，一般会向人求助吗？

14. 你认为社交困难是像身体有病一样是一种问题吗？

15. 在你成长过程中，是否有人给予过你社交方面的教育？

16. 你觉得自己的社交方式主要受什么影响？

17. 和陌生人交谈时你会不会有不适感？

图书在版编目（CIP）数据

小组工作案例教程/刘梦主编.
北京：中国人民大学出版社，2007
21 世纪社会工作案例教材
ISBN 978-7-300-07861-8

Ⅰ. 小…
Ⅱ. 刘…
Ⅲ. 社会工作-案例-教材
Ⅳ. C916

中国版本图书馆 CIP 数据核字（2007）第 016783 号

21 世纪社会工作案例教材
小组工作案例教程
刘 梦　主编

出版发行	中国人民大学出版社		
社　　址	北京中关村大街 31 号	**邮政编码**	100080
电　　话	010－62511242（总编室）		010－62511770（质管部）
	010－82501766（邮购部）		010－62514148（门市部）
	010－62515195（发行公司）		010－62515275（盗版举报）
网　　址	http://www.crup.com.cn		
经　　销	新华书店		
印　　刷	固安县铭成印刷有限公司		
规　　格	185 mm×260 mm　16 开本	**版　　次**	2007 年 4 月第 1 版
印　　张	16.25	**印　　次**	2025 年 8 月第 7 次印刷
字　　数	227 000	**定　　价**	35.00 元